AF453429

Jean JULLIEN

DOCTEUR EN DROIT

Saint-Simon

et le

Socialisme

BORDEAUX

IMPRIMERIE DE L'UNIVERSITÉ

Y. CADORET

17, RUE POQUELIN-MOLIÈRE, 17

—

1920

SAINT-SIMON ET LE SOCIALISME

INTRODUCTION

ACTUALITÉ DES IDÉES DE SAINT-SIMON

Les idées de Saint-Simon sont, de nos jours, d'une grande actualité; tout contribue à attirer l'attention sur elles. Nous sommes dans une période de crise, une période critique comparable à celles que Saint-Simon avait déjà observées dans le passé.

Dans la crise morale, intellectuelle, économique, politique et financière que nous traversons, ne serait-il pas préférable d'augmenter la production, au lieu de la limiter, ainsi que le fait actuellement la loi de huit heures ?

L'idée maîtresse de la doctrine de Saint-Simon est toujours un des fondements de la science économique contemporaine. Notre auteur considère en effet le travail comme un des facteurs qui contribuent le plus puissamment à la richesse d'une nation.

De plus, la célébration récente du centenaire de la mort de Saint-Simon a fait sentir avec plus de force encore l'actualité de ses idées, en attirant l'attention sur tous les remèdes que notre vieille société française, épuisée par une terrible guerre suivie de multiples épreuves, pourrait trouver dans les vues de ce penseur génial : « Le moment est venu de relire ce grand homme, cet observateur d'une perspicacité unique, et de chercher à le faire connaître, comprendre et aimer. » (1).

M. Bouglé vient de faire paraître un ouvrage (2) où il expose, dans ses traits essentiels, la doctrine du grand économiste, et il a consacré un autre volume à la doctrine de ses disciples (3).

Ce qu'il faut remarquer surtout, c'est la multiplicité des théories que l'œuvre de Saint-Simon a fait éclore dans le cours du xixᵉ siècle. Actuellement encore, son influence se fait vivement sentir. Nous pouvons aussi noter la diversité des courants d'idées qu'il a inspirés, car c'est le propre des grands esprits d'être simultanément la source féconde de doctrines fort divergentes.

Il y a évidemment de grandes variétés de nuances entre les divers auteurs qui l'ont mis à contribution. On peut cependant faire une division générale : d'un

(1) Maxime Leroy, *Henri de Saint-Simon*, Paris, Rivière, 31, rue Jacob, 1924, préface, p. 1.

(2) Bouglé, *L'Œuvre d'Henri de Saint-Simon*, textes choisis, Alcan, 1925.

(3) Bouglé et Halévy, *Doctrine de Saint-Simon*, Exposition 1ʳᵉ année, Paris, Rivière, 1924.

côté, les socialisants; de l'autre, les producteurs. Parmi les premiers, nous citerons, au hasard, les noms de Proud'hon et de Karl Marx, nous réservant d'examiner plus loin, avec les détails nécessaires, l'influence de Saint-Simon sur les écrivains socialistes ou à tendances socialistes. Nous parlerons un peu plus longuement des seconds, en essayant de montrer quel est le lien qui les rattache au grand esprit dont ils sont, à un certain point de vue, les continuateurs.

Saint-Simon a prévu, dès son époque, les immenses progrès que devait faire, dans la suite, l'industrie proprement dite, c'est-à-dire le machinisme. Les grands entrepreneurs modernes, les gros capitalistes, les rois du pétrole, de l'acier, etc., se sont appliqués, peut-être à leur insu, à réaliser l'essor que notre économiste rêvait pour la production. Quoi qu'il en soit, tous les puissants industriels, qui ont connu les idées de Saint-Simon, ont trouvé dans son œuvre un encouragement efficace. Pourtant la concentration croissante de la production (phénomène qui caractérise bien notre époque) a engendré des résultats qu'il aurait sans doute désavoués. Ne cherchait-il pas, en effet, à améliorer la condition de la masse des travailleurs !

On ne peut passer sous silence un mouvement tout récent, tendant à faire revivre les conceptions du grand économiste, tout en les adaptant aux contingences modernes : nous voulons parler du Néo-Saint-Simonisme.

Fondée par M. Darquet ([4]), cette doctrine, ayant pour adeptes MM. Gros, Clouard, Delaisi, a fait sienne la pensée maîtresse de Saint-Simon sur l'organisation industrielle des sociétés.

M. Clouard nous dit, en parlant des idées de Saint-Simon : « Gouvernement économique, administration des choses, productionnisme pacifique, ces mots qui rendent un son étonnamment actuel, désignent des nouveautés, alors surprenantes, qu'ont utilisées les marxistes, mais qui enchantent encore beaucoup de contemporains dont nous sommes. »

Et, en parcourant la revue *Le Producteur*, organe officiel du Néo-Saint-Simonisme, nous lisons : « Le temps où Saint-Simon écrivait le *Catéchisme des Industriels* ressemble au nôtre par bien des points : la même instabilité sociale, des transformations aussi importantes dans l'ordre industriel, le même champ ouvert aux initiatives des grands entrepreneurs d'affaires, le même malaise et les mêmes inquiétudes chez l'élite des techniciens, les mêmes aspirations vers des améliorations sociales importantes sont des circonstances favorables à l'éclosion d'une doctrine où seront exaltés le rôle et la valeur de l'individu dans la production, en même temps que la puissance et la nécessité de l'organisation économique..... La philosophie

---

(4) *Le Néo-Saint-Simonisme et la vie sociale d'aujourd'hui*, par Marc Bourbonnais. Thèse, Paris, 1923.

économique du *Producteur* se place sous le patronage de Saint-Simon. » (⁵).

Les publicistes que nous venons de nommer, ainsi que tous les auteurs qui ont célébré l'utilité du régime capitaliste pour la production, peuvent être qualifiés de « producteurs ».

Parmi ces producteurs, que séparent parfois certaines divergences, les adeptes du Néo-Saint-Simonisme ont fait un effort intéressant pour organiser rationnellement l'industrie telle que la concevait Saint-Simon, c'est-à-dire tout travail matériel ou intellectuel. Et tous peuvent se réclamer de l'illustre économiste aussi bien que les socialisants que nous mentionnions tout à l'heure.

Saint-Simon a orienté les esprits dans toutes les directions possibles; il « ouvre toutes les avenues de la pensée du xixᵉ siècle et du nôtre », par conséquent. Nul ne peut penser sans lui.

Le positivisme vient de lui par son élève Comte; partant Saint-Simon, qui fut très préoccupé de physiologie, va jusqu'à Claude Bernard; le socialisme marxiste vient de lui autant que de Ricardo; n'est-ce pas parce qu'il l'a utilisé qu'Engels a rendu hommage à sa « géniale perspicacité ? » Le régime bancaire moderne, il l'a prévu, l'industrialisme aussi (⁵ ᵇⁱˢ).

---

(5) *Le Producteur*, Revue de culture générale appliquée.

(5 *bis*) Maxime Leroy, *Henri de Saint-Simon*. Paris, Rivière, 1924, p. 3.

Remarquons que si des industriels peuvent se réclamer de Saint-Simon, ainsi que nous l'avons déjà fait observer, la classe ouvrière peut aussi l'invoquer en sa faveur, puisqu'il a inspiré Karl Marx, l'apôtre du socialisme ouvrier révolutionnaire. L'objet de nos recherches va être précisément de savoir s'il peut être qualifié de socialiste.

Ce rapide aperçu aura suffi à montrer au lecteur l'intérêt qui s'attache à notre étude; il en aura fait comprendre l'actualité.

Le plan que nous adopterons pour notre travail se trouve tout indiqué par la logique des choses :

Dans une première partie, nous exposerons en détail les théories de Saint-Simon. Nous consacrerons aussi quelques pages aux Saint-Simoniens. En effet, il est toujours utile et intéressant, lorsqu'on étudie la doctrine d'un penseur, d'examiner aussi l'œuvre de ses disciples : les disciples s'inspirent forcément des conceptions du maître, même s'ils s'éloignent de lui sur certains points. Il sera donc curieux de marquer la filiation intellectuelle qui rattache les Saint-Simoniens à leur illustre devancier. Nous montrerons aussi les différences qui les séparent.

Dans la seconde partie, nous nous appliquerons d'abord à rechercher ce qu'il faut entendre par socialisme, car ce n'est qu'après avoir défini le sens de ce mot que nous pourrons donner notre avis sur la position de Saint-Simon et de ses disciples par rapport au socialisme.

PREMIERE PARTIE

CHAPITRE PREMIER

EXPOSITION DES IDÉES DE SAINT-SIMON

I. — Aperçu général.

Nous allons maintenant exposer la doctrine de Saint-Simon, tout d'abord d'une manière générale, et ensuite en détail.

Les idées de Saint-Simon se résument dans le système qui a été dénommé « industrialisme ».

De quoi vit une société ? Elle vit avant tout de la production industrielle, c'est-à-dire de tout ce qui peut avoir une utilité quelconque pour le développement physique, intellectuel et moral de ses membres, car, pour Saint-Simon, industrie est synonyme de travail. Il faut donc que, dans la société, tout le monde, ou du moins la majorité, accomplisse quelque travail, que personne ne reste inactif. Quant à ceux qui détiennent actuellement le pouvoir, on pourrait se passer d'eux sans y perdre beaucoup. Toutes les discussions politiques sont absurdes; toutes les divisions politiques et sociales existantes doivent être abolies; on doit se borner à séparer les travailleurs des oisifs « les abeilles et les frelons », ou encore « le parti national et le parti antinational ».

« L'égalité industrielle consiste en ce que chacun retire de la société des bénéfices exactement proportionnés à sa mise sociale, c'est-à-dire à sa capacité positive, à l'emploi utile qu'il fait de ses moyens, parmi lesquels il faut comprendre, bien entendu, ses capitaux. »

Le gouvernement, au sens actuel du mot, devient inutile ou du moins d'une importance secondaire. « La France est devenue une grande manufacture et la nation française un grand atelier; le soin d'empêcher les vols et les autres désordres dans les ateliers, en un mot le soin de gouverner ces ateliers, n'est considéré (dans une manufacture) que comme un travail tout à fait secondaire, et il est confié à des subalternes. » Donc, le gouvernement doit seulement « garantir les travailleurs de l'action improductive des fainéants, maintenir sécurité et liberté dans la production ». La politique peut ne pas disparaître, à condition de se transformer radicalement et de devenir « la science qui a pour objet l'ordre de choses le plus favorable à tous les genres de production ». Le gouvernement doit travailler au bien-être de tous les membres du corps social.

Telle est, rapidement résumée, la doctrine de Saint-Simon, que nous allons maintenant approfondir davantage. Nous diviserons notre étude en plusieurs paragraphes; nous examinerons les idées du grand penseur :

A. Sur la propriété, les capitaux;

B. Sur la distribution des richesses sociales;

C. Sur l'industrie;

D. Sur la société de l'avenir;

E. Sur la politique;

F. Enfin, pour terminer, nous donnerons un aperçu de la nouvelle religion préconisée par notre auteur.

II. — Exposé analytique.

A. — LA PROPRIÉTÉ, LES CAPITAUX.

La question de la propriété est une des plus importantes pour déterminer si un économiste peut être considéré ou non comme socialiste; malheureusement Saint-Simon s'est montré assez réservé sur ce sujet; cette réserve est toutefois relative, car il y a cependant dans ses ouvrages plusieurs passages dans lesquels il nous en parle; ce n'est que comparativement à d'autres questions traitées par lui avec un grand luxe de détails et de répétitions, sous une forme toujours nouvelle, que nous pouvons le trouver laconique sur ce point particulier.

Tout d'abord, Saint-Simon estime que les lois sur les transmissions de la propriété territoriale sont mauvaises. Il nous dit : « La loi qui constitue la propriété est la plus importante de toutes; c'est celle qui sert de base à l'édifice social... La propriété doit être constituée d'une manière telle que le possesseur soit stimulé à la rendre productrive le plus qu'il est possible (6).

Dans un autre passage, il nous déclare : « Si on établissait d'une manière générale (c'est-à-dire en envisageant à la fois tous les travaux de l'espèce humaine) les rapports qui existent entre les produits de l'agriculture et les produits de toutes les fabrications et de tous les genres de commerce, on trouverait certainement que les premiers sont au moins cent fois plus considérables... En France, tous les produits du commerce et de la fabrication réunis ne s'élèvent pas à plus du septième ou même du huitième des produits agricoles. Ainsi tout progrès de l'agriculture, en France, procurerait à la nation un accroissement de produits, et par conséquent de richesses sept à huit fois plus considérable qu'un progrès semblable dans les autres branches de l'industrie. » (7).

(6) *Œuvres de Saint-Simon et d'Enfantin*, vol. **33**, p. **43** (*Œuvres de Saint-Simon*, vol. 3), Paris, Dentu, éditeur, Palais-Royal.

(7) *Œuvres de Saint-Simon et d'Enfantin*, vol. **33** (*Œuvres de Saint-Simon*, vol. 3), p. **108**.

De ces citations, il paraît résulter que Saint-Simon, sans donner de grandes précisions sur ce sujet, envisage néanmoins une réforme de la propriété, réforme qui aurait pour but de lui faire rendre son utilité sociale maxima. Nous n'avons pas l'intention de préciser dans ce chapitre si Saint-Simon est ou n'est pas socialiste; nous nous contentons de réunir les matériaux qui nous permettront de nous prononcer ultérieurement; mais nous pouvons, dès à présent, constater que l'argument de l'utilité sociale de la propriété est le bastion le plus solide des défenseurs de l'ordre existant, mais aussi celui contre lequel se portent les efforts les plus vigoureux de leurs adversaires. C'est grâce à Saint-Simon que les positions des différentes doctrines économiques ont été si heureusement établies.

Finalement, il estime que la propriété doit changer de régime dans le sens d'une plus grande productivité.

Examinons maintenant ses idées sur les capitaux. Remarquons ce passage : « Le dogme de l'égalité turque, c'est-à-dire de l'égale admissibilité à l'exercice du pouvoir arbitraire, peut encore faire, si vous n'y prenez garde, de grands ravages... Je désigne cette sorte d'égalité par l'épithète de Turque, parce qu'en effet les Turcs la possèdent depuis fort longtemps. Elle est précisément le contraire de la véritable égalité, de l'égalité industrielle, qui consiste en ce que chacun retire de la société des bénéfices exactement proportionnés à sa mise sociale, c'est-à-dire à sa capacité positive, à l'emploi utile qu'il fait de ses moyens, parmi lesquels il faut comprendre, bien entendu, ses capitaux. » (8).

On le voit, Saint-Simon n'est pas hostile à la propriété des capitaux mobiliers comme à la propriété foncière; cette différence d'attitude est assez curieuse; elle est nettement accusée dans les lignes suivantes : « La richesse est, en général, une preuve de capacité chez les industriels, même dans le cas où ils ont hérité de la fortune qu'ils possèdent; tandis que, dans les autres classes de citoyens, il est toujours vraisemblable que les plus riches sont inférieurs en capacité à ceux qui ont reçu une éducation égale à la leur, et qui ne jouissent que d'une fortune médiocre. Cette vérité, je le répète, jouera un rôle très important dans la politique positive. » (9).

Parmi d'autres explications plausibles de cette distinction déconcertante faite par notre auteur entre la propriété foncière et les capitaux, il en est une signalée par M. Rist avec beaucoup de vraisemblance : c'est l'absence d'idées théoriques chez le fondateur de l'industrialisme.

Comme conclusion de ce paragraphe, remarquons que la doctrine de Saint-Simon sur la propriété fon-

---

(8) *Œuvres de Saint-Simon,* vol. 6, p. 17.
(9) *Œuvres de Saint-Simon et d'Enfantin, Œuvres de Saint-Simon,* vol. 5, p. 49.

cière et les capitaux n'est pas très précise, ni très cohérente; c'est de plus, malgré son extrême importance, le sujet sur lequel notre économiste s'est le moins attardé.

Nous allons maintenant, dans le paragraphe suivant, examiner les idées de Saint-Simon sur « la distribution des richesses sociales ».

B. — LA DISTRIBUTION DES RICHESSES SOCIALES.

Cette question a été traitée par Saint-Simon avec beaucoup plus de développements que la précédente; sans doute il répète inlassablement, sous des formes toujours nouvelles, des idées presque identiques les unes aux autres. Mais il est incontestable que, sur ce point, il a accumulé plus d'arguments que sur le précédent. Donnons tout d'abord son idée directrice : il croit que le système de distribution des richesses sociales doit être radicalement changé. Relisons la citation déjà faite dans le paragraphe précédent : « L'égalité industrielle consiste en ce que chacun retire de la société des bénéfices exactement proportionnés à sa mise sociale, c'est-à-dire à sa capacité positive, à l'emploi utile qu'il fait de ses moyens, parmi lesquels il faut comprendre, bien entendu, ses capitaux .» C'est cette égalité qu'il nomme « industrielle » qu'il appelle de tous ses vœux, qu'il désire voir réalisée; combien la société qu'il avait sous les yeux, combien aussi celle qu'il connaîtrait aujourd'hui, s'il vivait à notre époque, répondait peu à cette conception, il nous est aisé de le comprendre. Une de ses idées maîtresses, c'est précisément que la nation ne sera placée au point de départ de sa nouvelle existence que lorsqu'elle aura conscience de la monstruosité de son régime social, et qu'elle aura claire notion que sa prospérité résulte des sciences, des beaux-arts et des arts et métiers. Une chose importante aussi à remarquer, c'est que Saint-Simon se préoccupe surtout du sort du plus grand nombre; c'est là précisément un des points qui nous seront le plus utiles pour dégager nos conclusions de cette étude. Ecoutons-le nous dire : « Messieurs, le but direct de mon entreprise est d'améliorer le plus possible le sort de la classe qui n'a point d'autres moyens d'existence que le travail de ses bras; mon but est d'améliorer le sort de cette classe non seulement en France, mais en Angleterre, en Belgique, en Portugal, en Espagne, en Italie, dans le reste de l'Europe et dans le monde entier. » [10].

Il est d'ailleurs à remarquer qu'il ne se considère point comme utopiste et veut faire partager aux autres son enthousiasme pour le bonheur que doit infailliblement procurer l'application de son système. « Il faut qu'on se passionne pour lui; il n'y a qu'un moyen pour cela; c'est de présenter aux hommes le tableau animé des améliorations que doit apporter dans la

---

(10) *Œuvres de Saint-Simon*, vol. 6, p. 81.

condition humaine le nouveau système envisagé sous tous les points de vue différents; tel sera le rôle de l'imagination. » (11).

Il ne cesse de s'apitoyer sur la classe la plus nombreuse : « La meilleure organisation sociale est celle qui rend la condition des hommes composant la majorité de la société la plus heureuse possible, en lui procurant le plus de moyens et de facilités pour satisfaire ses premiers besoins. » (12).

« Le moyen le plus direct pour opérer l'amélioration morale et physique de la majorité de la population consiste à classer comme premières dépenses de l'Etat celles qui sont nécessaires pour procurer du travail à tous les hommes valides, afin d'assurer leur existence physique; celles qui ont pour objet de répandre le plus promptement possible dans la classe des prolétaires les connaissances positives acquises; et enfin celles qui peuvent garantir aux individus composant cette classe des plaisirs et des jouissances propres à dévolopper lour intolligonco. » (13).

Le gouvernement, d'après Saint-Simon, accable le peuple d'impôts; il conserve aux nobles et aux courtisans une grande importance politique. Il concentre les affaires entre les mains d'hommes fort respectables sans doute, mais qui n'ont jamais payé leurs fautes et les ont fait payer à la nation.

---

(11) *Œuvres de Saint-Simon*, vol. 9, p. 137-140.
(12) *Œuvres de Saint-Simon*, vol. 10, p. 56.
(13) *Œuvres de Saint-Simon*, vol. 10, p. 128.

Il serait vraiment fastidieux de rapporter ici les innombrables passages dans lesquels Saint-Simon laisse apercevoir son amour pour la classe la plus nombreuse. Il faut, d'après lui, subordonner les intérêts individuels aux intérêts collectifs. « Ces nouvelles bases d'organisation sociale, écrit-il, étant directement conformes aux intérêts de l'immense majorité de la population, elles doivent être considérées comme une conséquence politique générale déduite du principe de morale divine : tous les hommes doivent se regarder comme des frères, ils doivent s'aimer et se secourir les uns les autres. » Il répète encore souvent qu'il faut améliorer le plus promptement et le plus complètement possible l'existence morale et physique de la classe la plus nombreuse. Dans la société idéale qu'il rêve, « les dispositions principales doivent avoir pour objet d'établir clairement, de combiner le plus sagement possible les travaux à faire par la société pour améliorer physiquement et moralement l'existence de tous ses membres. » (14).

Sans vouloir empiéter sur ce qui sera dit dans le paragraphe sur la politique, nous pouvons nous demander rapidement comment Saint-Simon pense s'y prendre pour assurer le bonheur des prolétaires. Ce ne sera point, comme on pourrait le croire, en les faisant participer au pouvoir: « C'est pour le peuple, dit-il, que

---

(14) *Œuvres choisies de Saint-Simon*, publiées en 1859, à Bruxelles, par Lemonnier, t. 2, p. 437-438.

la question (d'organisation sociale) se résoudra, mais il y restera extérieur et passif... Le peuple a été éliminé de la question. » (15).

Donc, pour résumer ce que nous venons de dire, nous pouvons déclarer que Saint-Simon cherche avant tout le bonheur matériel et même moral du peuple, de la masse. Nous verrons mieux, dans les paragraphes suivants, comment il essaiera de mettre ce projet à exécution. Cependant, il nous faut toujours remarquer et ne jamais perdre de vue qu'il ne cherche point à réaliser l'égalité de tous les hommes, puisqu'il nous dit, comme nous l'avons déjà vu, qu'il ne cherche point ce que les hommes appellent d'ordinaire l'égalité, mais seulement l'égalité industrielle; et celle-ci consiste pour lui en ce que chacun retire de la société des bénéfices exactement proportionnés à sa mise sociale.

On comprendra sans peine combien cette doctrine dut paraître originale à cette époque, alors que les esprits étaient encore tout imbus des dogmes de la révolution de 1789; de ces dogmes qui se caractérisaient précisément par une espèce d'idolâtrie, de passion pour l'égalité entendue au sens courant du mot; pour cette égalité dogmatique, métaphysique, qui fût et paraît être encore le sujet d'inépuisables controverses; il est aisé de voir combien l'égalité industrielle de Saint-Simon est plus positive, plus scientifique. On

---

(15) *Œuvres de Saint-Simon*, vol. 4, p. 158.

sait d'ailleurs, et nous le verrons à chaque instant au cours de cette étude, que c'était précisément un souci constant chez Saint-Simon d'aborder toutes les questions à ce point de vue positif, point de vue auquel il était tout naturel que se plaçât un témoin de l'essor scientifique qui se dessinait à son époque et n'a fait que croître jusqu'à nos jours.

Un autre fait doit également attirer l'attention, c'est que nous ne devons point demander à notre économiste des précisions sur cette « distribution des richesses sociales ». Il s'est maintenu dans le vague, dans l'indétermination presque toujours adoptée par les soi-disant réformateurs sociaux. Ce n'est point là un défaut, à tout prendre, car il n'y a pas de plus dangereux métier que celui de prophète; il aurait été vraiment présomptueux de prétendre définir en détail ce que devait être la part de chacun dans la société organisée sur de nouvelles bases. Ce n'est pas seulement sur cette question que Saint-Simon s'est imposé cette louable réserve; c'est encore, nous nous en apercevrons, dans d'autres domaines. Nous allons maintenant aborder l'étude de l'industrie.

C. — DE L'INDUSTRIE.

Nous avons déjà vu que, pour notre auteur, industrie est synonyme de travail et industriel de travailleur, qu'il s'agisse d'un travailleur manuel ou d'un travailleur intellectuel.

Nous allons faire parler Saint-Simon lui-même qui ne veut pas reconnaître de classes sociales ni de partis politiques, mais seulement les travailleurs et les oisifs, le parti national et le parti antinational, ou les abeilles et les frelons.

Saint-Simon qui désire que la société de l'avenir ne présente pas d'autre distinction sociale que celle des travailleurs et des oisifs, du parti national et du parti antinational, sait pourtant faire les classifications qui continuent à s'imposer tant qu'elles correspondront à des réalités. C'est ainsi qu'il nous parle à chaque instant des « prolétaires », de la classe la plus nombreuse et la plus pauvre opposée à celle des nobles, des aristocrates. Il fait remarquer que, jusqu'à présent, les principales forces de la société ont été employées à se maintenir en société et que les travaux ayant pour objet l'amélioration du bien-être moral et physique des nations n'ont pu et n'ont dû être considérés que comme des travaux accessoires. Cette classe « la plus nombreuse et la plus pauvre » dont nous le verrons souvent parler, il la divise elle-même en deux autres classes.

« Le peuple peut être considéré comme divisé en deux classes : celle des ouvriers occupés à des travaux agricoles et celle des hommes employés par les fabricants et par les négociants. » (16).

---

(16) Extrait de l'*Organisation sociale*, 1825.

L'opposition entre les riches et les pauvres se rencontre à chaque instant dans les écrits de Saint-Simon; s'adressant aux prolétaires, il déclare : « Jusqu'à présent, les gens riches n'ont guère eu d'autres occupations que celle de vous commander; forcez-les à s'éclairer et à vous instruire; ils font travailler vos bras pour eux, faites travailler leurs têtes pour vous; rendez-leur le service de les décharger du pesant fardeau de l'ennui. » ([17]).

Il ne s'est pas gêné pour dire aux riches oisifs qui vivent dans les dentelles, l'inutilité de leur existence, ne serait-ce que dans la Parabole; mais lorsqu'il rencontre une supériorité intellectuelle dans la classe riche, il ne craint pas non plus de le reconnaître. « Vous dites : « Nous sommes dix fois, vingt fois, cent fois » plus nombreux que les propriétaires, et cependant » les propriétaires exercent sur nous une domination » bien plus grande que celle que nous exerçons sur » eux. » Je conçois, mes amis, que vous soyez très contrariés; mais remarquez que les propriétaires, quoique inférieurs en nombre, possèdent plus de lumières que vous, et que, pour le bien général, la domination doit être répartie dans la proportion des lumières. » ([18]).

Pour Saint-Simon, « Le parti national se compose :
» 1° De ceux qui exécutent les travaux d'une utilité directe à la société;

---

(17) *Lettres d'un habitant de Genève*, 1802.
(18) *Lettres d'un habitant de Genève*.

» 2° De ceux qui dirigent ces travaux ou dont les capitaux sont compromis dans les entreprises industrielles;

» 3° De ceux qui concourent à la production par des travaux utiles aux producteurs.

» Le parti antinational est composé :

» 1° De ceux qui consomment et qui ne produisent point;

» 2° De ceux dont les travaux ne sont point utiles à la société et ne servent point aux producteurs;

» 3° De tous ceux qui professent des principes politiques dont les applications nuisent à la production et tendent à priver les industriels du premier degré de considération sociale. » ([19]).

Voici maintenant une citation encore plus explicite :

« Dans le parti national ou industriel se trouvent compris :

» 1° Tous ceux qui cultivent la terre, ainsi que ceux qui dirigent les travaux de la culture;

» 2° ... Tous les artisans, tous les manufacturiers, tous les négociants, tous les entrepreneurs de transports par terre et par mer, ainsi que tous ceux dont les travaux servent directement ou indirectement à la production ou à l'utilisation des choses produites..., savants qui sont adonnés à l'étude des sciences positives..., les artistes..., les avocats dont les sentiments

---

(19) *Œuvres de Saint-Simon*, vol. 3, p. 195-196.

sont libéraux et qui consacrent leurs talents à défendre les industriels contre les prétentions des ci-devant nobles et contre l'action arbitraire des fonctionnaires publics, le petit nombre de prêtres qui prêchent la saine morale, c'est-à-dire l'obligation d'employer son temps et ses moyens à des travaux utiles;

» Enfin tous les citoyens qui emploient franchement leurs talents et leurs moyens à débarrasser les producteurs de l'injuste suprématie exercée sur eux par les consommateurs oisifs.

» Dans le parti antinational figurent les nobles qui travaillent au rétablissement de l'ancien régime; ceux des prêtres qui font consister la morale dans la crédulité aveugle aux décisions du pape et du clergé; les propriétaires d'immeubles vivant noblement, c'est-à-dire à ne rien faire;

» Les juges qui soutiennent l'arbitraire, les militaires qui lui prêtent leur appui, et en un mot tous ceux qui s'opposent à l'établissement du régime le plus favorable à l'économie et à la liberté. » [20].

On ne peut s'empêcher, après cette citation, de reconnaître l'esprit scientifique de Saint-Simon qui, par sa classification du parti national et du parti antinational, a apporté une précieuse clarté au problème si controversé de la valeur des travaux de tous ordres au point de vue de leur productivité. Pendant si longtemps on a eu l'habitude illogique de ne considérer

(20) *Œuvres de Saint-Simon*, vol. 3, p. 203-204.

comme productifs de richesses que les travaux matériels à l'exclusion des autres, que vraiment on est
heureux de voir Saint-Simon résoudre déjà cette question dans le sens définitivement consacré par la science
économique moderne.

Il est utile de signaler ici un passage déjà cité et
duquel il ressort que Saint-Simon, tout en reconnaissant l'utilité incontestable de toutes les espèces de travaux, accordait néanmoins une place de choix au travail. agricole : « Si on établissait, d'une manière
générale (c'est-à-dire en envisageant à la fois tous les
travaux de l'espèce humaine), les rapports qui existent
entre les produits de l'agriculture et les produits de
toutes les fabrications, et de tous les genres de commerce, on trouverait certainement que les premiers
sont au moins cent fois plus considérables. » (21).

On remarquera que la prééminence accordée à l'agriculture est fondée surtout sur la quantité de ses produits et non pas sur sa nature même, comme le veut
la doctrine physiocratique.

C'est dans le travail, dans l'industrie, que se trouve
la source de toute prospérité pour la société. « Le livre
de Smith était la critique la plus forte, la plus directe,
la plus complète qui ait jamais été faite du régime
féodal; chacune de ses pages contenait la démonstration que les communes ou l'industrie étaient dévorées
par ce régime qui ne leur était utile sous aucun rap-

---

(21) *Œuvres de Saint-Simon*, vol. 3, p. 108.

port; que les gouvernements, tels qu'ils étaient établis, tendaient continuellement à ruiner les peuples, puisqu'ils ne faisaient jamais que consommer; tandis que l'unique moyen de s'enrichir était de produire. » ([22]).

Qui ne connaît le célèbre passage désigné sous le nom de Parabole de Saint-Simon? : « Nous supposons que la France perde subitement ses cinquante premiers physiciens, ses cinquante premiers chimistes, ses cinquante premiers physiologistes, ses cinquante premiers mathématiciens, ses cinquante premiers banquiers, ses deux cents premiers négociants, ses six cents premiers agriculteurs, ses cinquante premiers maîtres de forge, etc., etc..., comme ces hommes sont les Français les plus essentiellement producteurs, ceux qui donnent les produits les plus importants..., la nation deviendrait un corps sans âme à l'instant où elle les perdrait; elle tomberait immédiatement dans un état d'infériorité vis-à-vis des nations dont elle est aujourd'hui la rivale, et elle continuerait à rester subalterne à leur égard tant qu'elle n'aurait pas réparé cette perte, tant qu'il ne lui aurait pas repoussé une tête...

« Passons à une autre supposition. Admettons que la France conserve tous les hommes de génie qu'elle possède dans les sciences, dans les beaux-arts, dans les arts et métiers, mais qu'elle ait le malheur de perdre

---

(22) *Œuvres de Saint-Simon*, vol. 3, p. 154.

le même jour Monsieur, frère du Roi, Monseigneur le
duc d'Angoulême (et Saint-Simon énumère ici tous
les membres de la famille royale), et qu'elle perde en
même temps tous les grands officiers de la Couronne,
tous les ministres d'Etat (avec ou sans département),
tous les conseillers d'Etat, tous les maîtres des requê-
tes, tous les maréchaux, tous les cardinaux, archevê-
ques, évêques, grands vicaires et chanoines, tous les
préfets et sous-préfets, tous les employés dans les mi-
nistères, tous les juges, et, en sus de cela, les dix
mille propriétaires les plus riches parmi ceux qui
vivent noblement; cet accident affligerait certainement
les Français parce qu'ils sont bons... Mais cette perte
des trente mille individus, réputés les plus importants
de l'Etat, ne causerait de chagrin que sous le rapport
sentimental, car il n'en résulterait aucun mal politique
pour l'Etat. » (²³).

Pour Saint-Simon, l'industrie est nécessaire non seulement à la production, au bien-être matériel d'une
société, mais encore à la civilisation elle-même. « Les
éléments dont se compose l'idée de civilisation sont :
les sciences, les beaux-arts et l'industrie; cette dernière expression étant prise dans le sens le plus étendu.
celui que nous lui avons toujours donné. » (³⁴). D'ailleurs la civilisation paraît croître en même temps que
l'industrie. La première époque de la civilisation est

---

(23) *Œuvres de Saint-Simon*, vol. 4, p. 17.
(24) *Œuvres de Saint-Simon*, vol. 9, p. 94.

l'époque théologique et militaire. La société a pour but d'activité unique et permanent, la conquête; il n'y a en fait d'industrie que l'indispensable. La seconde époque est l'époque métaphysique et légiste; elle n'a aucun caractère bien tranché et est seulement de transition; l'observation conquiert des droits toujours plus grands; l'industrie a pris plus d'extension sans être encore prédominante. La troisième époque est l'époque scientifique et industrielle.

La supériorité du système féodal et théologique sur les régimes de l'antiquité est évidente, et aucun bon esprit ne l'a proclamée. On admire Minos, Lycurgue et Solon, et on ne parle pas de Charlemagne et de Grégoire VII. Pendant les IX\ue, X\ue, XI\ue et XII\ue siècles, les Européens se sont presque exclusivement occupés de la consolidation de leur société politique et ce n'est qu'ensuite qu'ils respirèrent un peu. Certains plébéiens commencèrent à se livrer aux premiers rudiments de l'industrie qui était auparavant inexistante, et les plébéiens entrés dans les ordres s'occupèrent de sciences physiques et mathématiques.

De toutes les idées que nous venons de citer, et qui sont exposées par Saint-Simon dans ses œuvres, il apparaît comme conclusion que le développement de l'industrie accompagne le développement de la civilisation.

Puisque Saint-Simon classe également les savants et les artistes dans la catégorie des industriels, il est naturel qu'il loue également les bienfaits de la science et de l'art et qu'il cherche à coordonner harmonieusement ces deux dernières branches de l'activité humaine avec l'industrie proprement dite, l'industrie signifiant tout travail matériel; il est naturel qu'il nous montre également dans le passé les progrès scientifiques et artistiques entraînant, eux aussi, conjugués avec les progrès proprement industriels, le développement de la civilisation.

A propos des rapports de l'industrie d'une part et des sciences et des beaux-arts d'autre part, on peut remarquer que parfois Saint-Simon admet que les sciences et les beaux-arts sont le complément nécessaire de l'industrie ([25]). A un autre moment Saint-Simon semble bien comprendre parmi les industriels les chimistes, les physiologistes, les artistes ([26]), puisqu'il voit là une cause importante de la supériorité intellectuelle marquée des industriels sur les autres individus. Il nous fait voir également le développement des sciences et des arts civilisant de plus en plus la société; ce sont là d'ailleurs des sujets que nous ne faisons qu'effleurer actuellement, car nous aurons à les examiner de nouveau par la suite.

Il ne faut pas nous étonner de l'insistance avec laquelle Saint-Simon nous parle de l'industrie, puisque c'est elle qui constitue, en quelque sorte, la clef de

(25) Cf. *supra*, p. 25.
(26) *Œuvres de Saint-Simon*, vol. 5.

voûte de son système; il avait écrit sur le premier
volume de son recueil « l'Industrie », la devise : Tout
par l'Industrie et tout pour elle.

D. — La société de l'avenir.

En étudiant, comme nous l'avons fait plus haut, le
nouveau système de production et de répartition des
produits construit par Saint-Simon nous avons déjà
entamé largement la matière de ce paragraphe consacré à la société de l'avenir. Aussi bien n'avons-nous
pas l'intention de revenir sur l'organisation économique de cette société. Mais, devant les projets de Saint-
Simon, une objection se présente à l'esprit : sur quoi
fonde-t-il son édifice? Quelle vraisemblance y a-t-il
que ses idées puissent se réaliser ? N'a-t-il pas joué
le rôle dangereux, et souvent ridicule, de prophète ?
A vrai dire, celui qui fut le grand propagateur de la
méthode positive, avec son disciple Auguste Comte,
se serait évidemment couvert de ridicule en ayant
l'air de vouloir vaticiner : il se contentera donc d'idées
assez générales. Mais, pour étayer ces idées générales,
cet homme, qui se piquait d'être un esprit scientifique,
ne pouvait manquer de rechercher et d'établir une rigoureuse méthode. C'est précisément à l'exposé de
cette méthode qu'est consacré ce paragraphe. Pour déterminer ce que sera, dans son ensemble, cette société
de l'avenir, Saint-Simon emploie la méthode historique, c'est-à-dire qu'il essaie de déduire l'avenir de

l'étude du passé. Nous ne nous attarderons pas à discuter la valeur scientifique de cette attitude, sur laquelle les économistes sont à peu près d'accord. Nous allons plutôt essayer de bien faire comprendre les conceptions de Saint-Simon sur cette question.

Cédons-lui la parole : « La doctrine scientifique de la politique considère l'état social, sous lequel l'espèce humaine a toujours été trouvée, par les observations, comme la conséquence nécessaire de son organisation; elle conçoit le but de cet état social comme déterminé par le rang que l'homme occupe dans le système naturel, tel qu'il est fixé par les faits, et sans être envisagé comme susceptible d'explication; elle voit, en effet, résulter de ce rapport fondamental la tendance constante de l'homme à agir sur le surplus de la nature pour la modifier à son avantage; elle considère ensuite l'ordre social comme ayant pour objet final de développer collectivement cette tendance naturelle, de la régulariser et de la concerter pour que l'action utile produite soit la plus grande possible; cela posé, elle essaie de rattacher aux lois fondamentales de l'organisation humaine, par des observations directes sur le développement collectif de l'espèce, la marche qu'elle a suivie et les états intermédiaires par lesquels elle a été assujettie à passer avant de parvenir à cet état définitif. En se dirigeant d'après cette série d'observations, elle envisage les perfectionnements réservés à chaque époque comme dictés, à l'abri de toute hypothèse, par le point de ce développement auquel l'espèce humaine est parvenue; elle conçoit ensuite, pour chaque degré de civilisation, les combinaisons politiques comme ayant uniquement pour objet de faciliter les pas qui tendent à se faire après qu'ils ont été déterminés avec précision. » ([27]).

Saint-Simon veut donner la prépondérance à l'observation et faire considérer l'organisation sociale comme intimement liée à l'état de la civilisation. De plus on doit considérer la civilisation elle-même comme assujettie à une loi naturelle. Il est certain que la civilisation a progressé sans cesse, et sous tous les rapports. La marche n'en est pas une marche régulière : elle marque parfois des arrêts, des reculs même; mais elle repart et finit toujours par aller plus avant. Les diverses phases du développement d'une société peuvent être comparées au développement physique d'un individu. « Depuis la naissance des individus jusqu'à l'époque de leur virilité, il s'effectue, en eux, un perfectionnement du moral et du physique... L'âge de 7 ans est signalé chez eux par une crise de dentition, à la suite de laquelle leurs facultés sentimentales et leur capacité en mémoire prennent un accroissement subit. Vers l'âge de 14 ans, les passions s'enflamment... A 21 ans, l'homme acquiert le caractère qui est propre à son individu... Si l'on observe

---

(27) *Œuvres de Saint-Simon*, vol. 9, p 79-80.

le degré de développement intellectuel auquel se
trouve aujourd'hui parvenue la nation française, on
reconnaît qu'elle a subi sa troisième crise et que son
âge social actuel correspond à celui de 21 ans pour
les individus... Il doit en résulter un changement ra-
dical dans son organisation sociale. » ([28]).

« L'avenir se compose des derniers termes d'une
série dont les premiers constituent le passé. Quand
on a bien étudié les premiers termes d'une série, il
est facile de poser les suivants : ainsi, du passé bien
observé, on peut facilement déduire l'avenir. » ([29]).

Il nous est impossible de reproduire toute l'argu-
mentation historique par laquelle Saint-Simon justifie cette conception dans ses œuvres; ce serait un
véritable cours d'Histoire qu'il nous faudrait entreprendre. On ne peut nier toutefois que ses développements ne soient présentés d'une manière aussi habile
que séduisante; les faits sont exposés avec une relative impartialité; c'est seulement la conclusion logique
à tirer de ces faits qui n'est peut-être pas d'une force
aussi probante que l'a cru notre économiste.

Saint-Simon, par sa méthode, nous démontre, ou
plutôt entreprend de nous démontrer, que l'industrialisme (système dans lequel l'industrie a une place
prépondérante avec la maxime : « A chacun selon
ses œuvres ») est le système auquel doit fatalement

---

(28) *Œuvres de Saint-Simon*, vol. 10, p. 109-113.
(29) *Œuvres de Saint-Simon*, vol. 1, p. 122.

aboutir l'évolution de l'humanité. Il y a également un mouvement irrésistible vers une association toujours plus vaste des hommes de tout le globe dont les rapports, quels qu'ils soient, sont destinés à devenir de plus en plus étroits.

On comprendra sans peine que, dans ces conditions, Saint-Simon ait donné à l'histoire une valeur presque supérieure à celle de toutes les autres sciences : L'histoire est la science infaillible; « aussi Saint-Simon n'a-t-il jamais rien voulu bâtir hors de l'histoire. » ([30]).

C'est au moyen âge que l'industrie a commencé à se développer; elle a fondé, au xiiie siècle, des communes prospères; durant le xviiie siècle, elle a consacré l'importance de cette bourgeoisie par qui s'est faite la Révolution de 1789. Sous l'Empire elle a eu quelques adeptes. Depuis l'Empire, elle a momentanément décliné; mais, depuis 1816, elle reprend de toutes parts, et la France essaie de se reconstituer par le travail.

On conçoit que ces considérations historiques aient conduit Saint-Simon à la construction d'un système politique. C'est à l'exposé de ce système que nous consacrerons le paragraphe suivant.

---

(30) Dumas, *Psychologie de deux messies positivistes : Saint-Simon et Auguste Comte*, p. 76, **Alcan, éditeur, 1905.**

E. — La politique.

Saint-Simon a essayé de présenter à ses contemporains plusieurs plans d'organisation politique; il est même entré, parfois, dans des détails puérils et sans importance. Nous donnerons quelques aperçus de ces systèmes.

Quel va être, quel devra être le rôle du gouvernement ? Il se contentera d'assurer, pour l'industrie, la possibilité de se développer pleinement. A ce sujet, nous avons indiqué, dans l'exposé général de la doctrine, à quel rôle secondaire Saint-Simon ravale le gouvernement [31]. Il y aura bien toujours un gouvernement, mais radicalement transformé. Ce sera un gouvernement des choses, c'est-à-dire, garantie par les gouvernants à la société, la liberté de pouvoir se diriger dans le sens de la civilisation; la loi deviendra bien celle que Montesquieu définissait en cette formule immortelle : « Les lois sont les rapports nécessaires qui découlent de la nature des choses. »

« Le gouvernement des choses remplace celui des hommes; c'est alors qu'il y a vraiment loi en politique, dans le sens réel et philosophique attaché à cette expression par l'illustre Montesquieu... Si quelques esprits pouvaient voir, dans l'empire suprême d'une telle loi, une transformation de l'arbitraire existant,

----

[31] Cf. page 8.

Jullien

il faudrait les engager à se plaindre aussi du despotisme inflexible exercé sur toute la nature par la loi de la gravitation, et du despotisme non moins réel, mais plus analogue encore, comme plus modifiable, exercé par les lois de l'organisation humaine, dont celle de la civilisation n'est que le résultat. » [32].

Sans vouloir donner encore nos conclusions, qui trouveront mieux leur place plus tard, nous ne pouvons nous empêcher de faire un rapprochement spontané entre ces dernières conceptions et certaines idées analogues exprimées par les physiocrates, les fondateurs de la science économique.

Les physiocrates faisaient remarquer que l'on disait : « législateurs », et non point : « légisfacteurs », c'est-à-dire « porteurs de lois », et non pas « faiseurs de lois » ; car, les hommes au pouvoir ne créaient pas, mais ne faisaient que reconnaître, *porter* au sein de la société, les lois qui résultaient de l'état de cette société elle-même.

Saint-Simon, au milieu des nombreux plans qu'il avait proposés, insistait particulièrement pour qu'on créât une Chambre des députés, qui aurait été composée de délégués des commerçants, des grands industriels et, également, des agriculteurs. A côté de cette Chambre des députés, on aurait créé deux autres chambres qui, elles, auraient contenu dans leur sein des ingénieurs, des savants, des artistes. Ce sont ces

---

(32) *Œuvres de Saint-Simon*, vol. 9, p. 131-132.

deux dernières chambres qui auraient élaboré les projets de loi; ces projets ne devaient avoir pour but que d'assurer la prospérité économique de la nation, à l'exclusion de toutes autres préoccupations, et ils ne seraient devenus lois qu'après avoir été approuvés par la Chambre des députés.

Saint-Simon avait bien pensé à tout puisqu'il nous donne des détails même sur la loi électorale : il nous explique que c'est le paiement de l'impôt qui donne le droit de participer aux élections législatives, et, à la suite de ce principe, il fait remarquer que, pour assurer avec ce système une grosse prépondérance politique aux industriels, il faudrait nécessairement que ce soient eux qui paient la plus grande partie des contributions. Or, pour arriver à ce résultat, une réforme indispensable s'impose : « Dans l'industrie commerciale et manufacturière, ce sont les travailleurs qui paient l'impôt prélevé sur cette partie des produits nationaux. La mesure que nous proposons consisterait à assimiler les industriels agricoles aux industriels commerciaux; à faire, par conséquent, que les entreprises qu'ils dirigent le fussent sous leurs noms et que, par conséquent aussi, tous les impôts directs, mis sur l'agriculture, se trouvent payés par eux, au lieu de l'être, comme aujourd'hui, par les propriétaires. » (33).

Ainsi le but désiré serait atteint, car notre écono-

---

(33) *Œuvres de Saint-Simon*, vol. 3, p. 95.

miste nous fait remarquer que ce qui n'est pas impôt territorial ou impôt sur l'industrie commerciale et manufacturière ne forme qu'une très petite partie de l'impôt direct.

Il faut que ce soient les industriels qui aient une large part dans l'établissement des impôts. Autrefois, chez les Grecs et chez les Romains, la classe productrice, la classe industrielle, était complètement dans la dépendance la plus absolue de la classe dite militaire; elle était son esclave. Cet esclavage, comme toutes les institutions, ne changea pas du jour au lendemain. Il se perpétua sous les guerriers du Nord, mais il se transforma plus tard pour devenir esclavage de la glèbe. Ce fut là un grand progrès déjà réalisé; mais le second progrès consista dans l'affranchissement de cette classe industrielle, encore serve (affranchissement des communes). Enfin, le dernier grand pas de l'industrie a été l'usage introduit en Angleterre, que la Chambre des Communes votât le budget seule, entièrement seule.

Il faut donc qu'aujourd'hui l'industrie prenne le pouvoir en ses mains, qu'elle gouverne véritablement; mais la force ne doit être employée d'aucune manière: « L'insurrection est d'abord le plus insuffisant de tous les moyens; et ensuite, ce moyen est absolument contraire aux intérêts de l'industrie, car, pour elle, tout emploi de la force est un mal, et c'est sur l'industrie que pèsent le plus les désordres populaires, parce que les propriétés industrielles sont, de toutes les propriétés, les plus faciles à détruire. » (³⁴).

Saint-Simon est très hostile à un gouvernement de savants; ces derniers ne doivent être que des conseillers : « Si, malheureusement pour nous, il s'établissait un ordre de choses dans lequel l'administration des affaires temporelles se trouvât placée dans les mains des savants, on verrait bientôt le corps scientifique se corrompre et s'approprier les vices du clergé; il deviendrait métaphysicien, astucieux et despote. » (³⁵).

Saint-Simon nous propose également un autre système, à peu près semblable au premier dans ses grandes lignes :

On confiera le pouvoir à une chambre des communes où siégeront tous les représentants de l'industrie commerciale, manufacturière et agricole. Cette chambre sera chargée d'établir l'impôt, de le percevoir et d'exécuter les lois.

On subdivisera le pouvoir spirituel en pouvoir créateur et en pouvoir critique. C'est une Chambre d'Invention comprenant dans son sein des poètes, des peintres, des sculpteurs, des ingénieurs, c'est-à-dire tous les intellectuels dont le propre est d'inventer, à laquelle on confiera le pouvoir créateur avec mission de s'occuper des intérêts généraux et de préparer les projets de lois.

---

(34) *Œuvres de Saint-Simon*, vol. 3, p. 159.
(35) *Œuvres de Saint-Simon*, vol. 5, p. 161.

Quant au pouvoir critique, il sera exercé par une Chambre d'Examen composée de cent physiciens, cent physiologistes et cent mathématiciens.

« Ces savants examineront et critiqueront les projets de la Chambre d'invention avant de les transmettre à la Chambre d'exécution, qui aura le droit de les adopter ou de les rejeter.

La seule force dont le pouvoir spirituel disposera vis-à-vis du pouvoir temporel, ce sera donc la force de la raison ; l'autorité de fait restera tout entière aux mains des industriels.

On reconnaît sans peine, dans ces trois pouvoirs distincts, les trois pouvoirs : synthétique, réglant et analytique ou temporel, auxquels Saint-Simon voulait, cinq ans plus tôt, soumettre toute l'Europe. Seulement les propriétaires, non producteurs, sont tout à fait exclus du gouvernement où ils détenaient alors le pouvoir réglant ; les industriels disposent du pouvoir temporel tout entier et organisent, pour l'industrie, le nouvel ordre des choses ; les représentants de l'intelligence disposent du pouvoir synthétique et du pouvoir réglant, mais ne peuvent agir que par la persuasion sur le pouvoir effectif des industriels ([35 bis]). »

Saint-Simon a voulu agrémenter ce projet, déjà assez puéril par lui-même, de projets, de détails plus utopiques encore et dans lesquels il a donné libre cours à son imagination philanthropique. La Chambre d'In-

---

([35 bis]) Dumas, *Psychologie de Deux Messies Positivistes, Saint-Simon et Auguste Comte*, p. 84.

vention, par exemple, devra préparer pour le peuple des fêtes de souvenir et des fêtes d'espérance; de plus, on cherchera des endroits pittoresques sur le bord des chemins et des canaux pour y installer des parcs et des lieux de délassement. Dans ces Edens, on trouvera des maisons dans lesquelles habiteront les artistes; il y aura aussi des musées pour les produits de la contrée; les musiciens seront spécialement chargés d'inspirer aux habitants de la région la passion qu'il sera utile de développer dans la foule, suivant les circonstances, et ceci pour le plus grand avantage de toute la nation.

Aux savants revient donc le pouvoir spirituel, la direction morale des sociétés, l'éducation des peuples; aux industriels, le pouvoir temporel et l'administration des biens matériels des sociétés.

Le Roi devra s'unir à ceux qui travaillent, qu'il s'agisse de travailleurs manuels ou intellectuels, et combattre au contraire tous ceux qui ne font qu'exploiter. Il devra prendre des mesures énergiques dans ce sens; il pourra, par exemple, décréter :

1° Qu'un catéchisme national sera établi par l'Institut, qui surveillera aussi l'instruction publique;

2° Que le budget sera préparé par un conseil d'industriels créé pour cette mission spéciale;

3° Que tous les titres de noblesse, soit féodale, soit impériale, seront abolis;

4° Qu'il sera procédé à de nouvelles élections qui devront désigner des députés choisis parmi les adeptes du nouveau régime industriel.

Enfin, pour assurer l'exécution de ces décrets, que Louis XVIII n'hésite pas à faire un coup d'Etat et qu'il le justifie par des proclamations dans lesquelles il expliquera à son peuple que c'est son devoir de roi d'anéantir l'ancien régime théologique et féodal, pour instaurer à la place le régime scientifique et industriel; il fera comprendre à la nation que, dans les circonstances présentes, la royauté ne peut rendre de plus grand service que l'établissement d'un tel régime. Sa Majesté ne devra pas hésiter à déclarer nettement qu'elle aspire à devenir le premier des industriels, après avoir été le premier des chevaliers, et que c'est la dictature qui lui permettra d'enlever au trône le caractère théologique et féodal qu'il a encore malheureusement. En agissant ainsi, le prince montrera toute la loyauté, toute la générosité de ses intentions et s'attachera à jamais l'affection de ses sujets.

Saint-Simon, assez concis sur certaines questions, ne s'est pas fait prier pour donner d'amples détails sur les diverses organisations qu'il a rêvées tour à tour : il règle avec un grand luxe de précision la structure des organes qui exerceront l'autorité. Il n'est pas inutile de donner des exemples :

Il y aura, nous l'avons vu, une chambre dénommée Chambre d'Invention. Voici comment Saint-Simon en règle d'avance l'organisation : elle comprendra trois cents membres distribués en trois sections différentes. Il faudra que ces sections prennent séance en commun et délibèrent ensemble pour que leurs travaux soient officiels; cependant, il leur sera loisible, lorsqu'elles le désireront, de se réunir séparément. La première section comprendra deux cents ingénieurs civils, la seconde cinquante poètes ou autres « inventeurs en littérature », et la troisième, vingt-cinq peintres, quinze sculpteurs ou architectes et dix musiciens.

Ce qu'il faut bien spécifier c'est que chaque section pourra demander l'assemblée générale des trois sections.

Cette Chambre des Inventions présentera un projet de travaux publics à entreprendre pour accroître les richesses de la France. Comme on le voit, on aura ainsi un gouvernement vraiment économique, ce qui vaut bien mieux que de passer son temps en stériles et épuisantes controverses, purement politiques. Cette même chambre présentera aussi les projets des fêtes d'espérance et du souvenir, déjà mentionnées. Ce sont, comme on le voit, des préoccupations esthétiques qui se mêlent aux projets proprement économiques et industriels. Saint-Simon comprend, une fois de plus, combien il est nécessaire d'enflammer, de passionner le peuple, afin de mieux assurer la réussite de ses divers projets.

Les membres de la Chambre des Inventions ne pourront pas être nommés pour plus de cinq années, mais seront rééligibles.

Il y aura aussi, comme nous l'avons vu, une autre chambre : la Chambre d'Examen. Cette chambre fera un projet d'éducation publique générale, qui aura pour objet de rendre les jeunes gens les plus capables aptes à concevoir, à diriger et à exécuter les travaux utiles. Cette chambre fera enfin des projets de fêtes : fêtes des hommes, fêtes des femmes, fêtes des garçons, fêtes des filles, fêtes des pères et mères, des patrons, des ouvriers, etc.

Dans chacune de ces fêtes, des orateurs, nommés par la Chambre d'Examen, feront un discours sur les devoirs sociaux de ceux en l'honneur desquels la fête est célébrée; on mettra à la disposition de cette chambre une somme de vingt-cinq millions pour les dépenses des écoles publiques et pour les encouragements destinés à hâter les progrès des sciences physiques et mathématiques. Ce sera la classe des sciences physiques et mathématiques de l'Institut qui fournira le noyau de cette chambre.

La Chambre des Communes se reconstituera quand les deux premières seront formées; elle prendra alors le nom de Chambre d'Exécution; elle aura soin que, dans sa nouvelle composition, chaque branche de l'industrie soit représentée. Les membres de la Chambre d'Exécution n'auront aucun traitement; ce seront des chefs d'industrie; ils devront être riches, à la différence des membres des deux autres chambres qui recevront 10.000 francs par an.

Les trois chambres réunies formeront le Parlement, investi du pouvoir souverain tant constitutionnel que législatif. Tout projet sera présenté, nous le savons, par la première Chambre (Chambre d'Invention), examiné par la seconde (Chambre d'Examen), et ne sera définitivement adopté que par la troisième (Chambre des Communes). Les Français seront invités à présenter un nouveau système de lois civiles et criminelles et un projet de défense du territoire. Il sera fait un emprunt de deux milliards pour indemniser les personnes aux intérêts desquelles l'établissement du nouveau système politique aura causé quelque dommage.

Il y a plus de vingt-cinq millions de Français occupés à la culture, au commerce ou aux fabrications. Ainsi les industriels sont en grande majorité dans la nation; de plus, ils sont investis de la plus grande force pécuniaire existant dans la nation, car ils ont la majorité des richesses acquises; ils ont aussi (les industriels comprenant les physiciens, les chimistes, les physiologistes) une supériorité très positive d'intelligence. Le ministère le plus important est celui des Finances; or, parmi tous les nationaux, les industriels sont les meilleurs administrateurs; donc :

1° C'est un industriel qui doit être chargé du projet de budget;

2° Les industriels les plus éclairés doivent être chargés d'examiner ce projet avant qu'il soit soumis aux Chambres;

3° Tout citoyen occupé dans les administrations publiques doit avoir fait son apprentissage dans les administrations industrielles.

Les industriels doivent, avant tout, se convaincre de leur force; ils doivent demander au Roi de faire préparer le projet de budget par un comité d'industriels; il est indispensable aussi qu'ils offrent leur collaboration aux Bourbons; les uns et les autres doivent se prêter un mutuel appui. Ni les Bourbons ni les industriels n'ont fait ce qu'ils auraient dû faire; ils se sont laissé conduire par les légistes; le ministère des Finances sera occupé par un industriel; on créera un conseil industriel, attaché à ce ministère; de même pour le ministère de l'Intérieur et le ministère de la Marine. Les savants ne doivent pas diriger l'administration : ils auront bien plus de gloire en se contentant de leur rôle de conseillers; ils auront le pouvoir spirituel; ils pourront, seuls, lutter contre la force critique des Rois, qui se concertent dans la Sainte-Alliance. « Les savants doivent, aujourd'hui, élever la politique au rang des sciences d'observation... Il n'y a donc jamais eu de révolution morale à la fois plus inévitable, plus mûre et plus urgente, que celle qui doit maintenant élever la politique au rang des sciences d'observation entre les mains des savants européens combinés. » (36).

« En général, quand l'homme paraît exercer une

____

(36) *Œuvres de Saint-Simon*, vol. 9, p. 75 et 83.

grande action, ce n'est point par ses propres forces, qui sont extrêmement petites. Ce sont toujours des forces extérieures pour lui, d'après des lois sur lesquelles il ne peut rien. » (³⁷).

Parfois le législateur peut agir dans le sens rétrograde. Lorsqu'on marche dans le sens des lois de la civilisation, on évite bien des heurts, bien des secousses. Cette marche ne s'exécute pas, à proprement parler, suivant une ligne droite : elle se compose d'une suite d' « oscillations progressives ».

« La donnée fondamentale de la politique générale, son point de départ positif, est donc la détermination de la tendance de la civilisation, afin d'y conformer l'action politique et de rendre par là aussi douces et aussi courtes que possible les crises inévitables auxquelles l'espèce humaine est assujettie, dans ces passages successifs, par les différents états de la civilisation... La politique métaphysique, recherchant le meilleur gouvernement possible, entraîne dans des discussions interminables; car cette question n'est pas jugeable; le régime politique doit être, et il est nécessairement, en rapport avec l'état de la civilisation : le meilleur, pour chaque époque, est celui qui s'y conforme le mieux. Il n'y a donc pas, et il ne saurait y avoir, de régime politique absolument préférable à tous autres; il y a seulement des états de civilisation

---

(37) *Œuvres de Saint-Simon*, vol. 9, p. 112.

plus perfectionnés les uns que les autres. Les institutions, bonnes à une époque, peuvent être et sont même,
le plus souvent, mauvaises à une autre, et réciproque-
ment. » (38).

Mais, si l'on se contentait des indications précédentes, le système de politique positive n'aurait pas
l'adhésion de tout le monde : il faut qu'on s'enthousiasme pour lui. Il sera donc indispensable de faire
entrevoir aux hommes un tableau des perfectionnements qu'entraînera son application. Ce sera là le rôle
de l'imagination. C'est à Montesquieu que doit être
rapporté le premier effort direct pour traiter la politique comme une science de faits et non de dogmes.

Il faut, enfin, compléter la réforme gouvernementale par une réforme administrative. Quels moyens doivent être employés pour réaliser cette réforme administrative ? C'est brusquement que la réforme doit
s'opérer; il faut dépouiller les riches et les oisifs de
toute leur importance politique et confier la direction
des travaux intellectuels aux hommes les plus capables dans les beaux-arts et les sciences positives. On
ne peut pas modifier l'état de choses actuel, de manière à le faire servir aux réformes nécessaires; tout
est à refondre. Cependant la royauté héréditaire est
l'institution sur laquelle se fonde la nouvelle organisation; l'Académie suprême forme le conseil initiatif de

---

(38) *Œuvres de Saint-Simon*, vol. 9, p. 120, 127, 128.

Sa Majesté; les projets arrêtés devant le conseil initiatif
sont soumis à l'examen de l'Académie des Beaux-Arts
et de l'Académie des Sciences. Ces projets sont ensuite
présentés au conseil des industriels, qui fait tous les
ans les projets de budget et vérifie si les ministres ont
employé convenablement les sommes qui ont été ac-
cordées à leur département; le projet de budget ainsi
préparé est remis au Conseil des ministres qui, d'après
les ordres du Roi, le présente aux Chambres.

Le lecteur a pu se rendre compte, malgré la complexité plus ou moins utile de certaines vues de Saint-
Simon sur la politique, de la puissance doctrinale de
l'ensemble; on pressent, avec facilité, que, dans ce
torrent parfois boueux et débordant, bien des paillet-
tes seraient à trier et donneraient certainement une
très appréciable quantité d'or pur. Cette richesse,
Saint-Simon s'enthousiasma pour elle; aussi la nouvelle société dont il avait tracé le plan lui inspirait-
elle non seulement la plus entière confiance, mais encore la foi la plus ardente. Rien d'étonnant, dans ces
conditions, à ce qu'il ait rêvé une nouvelle religion.

F. — DE LA NOUVELLE RELIGION PROPOSÉE PAR SAINT-SIMON.

Saint-Simon mérite bien le titre de « physicien social » qui lui a été décerné de nos jours. Un physicien
en effet est un savant qui doit tenir compte, pour

l'étude des propriétés des corps, de tous les rapports que ces corps peuvent avoir entre eux et à tous les points de vue. C'est dans ce sens que se justifie l'épithète de « physicien social » pour Saint-Simon. Cet homme décidément a touché à tous les sujets, même à ceux qui sont en quelque sorte incompatibles entre eux. N'est-ce pas en effet un paradoxe étonnant de voir le grand théoricien du positivisme scientifique, celui qui ne voulait prendre en considération que les faits observables expérimentalement, celui enfin qui avait déclaré une guerre acharnée à la métaphysique et aux métaphysiciens, à l'idéologie et aux idéologues, vouloir fonder une nouvelle religion ? Il est cependant relativement facile de donner une explication vraisemblable de cette apparente contradiction.

Il faut bien comprendre en effet que Saint-Simon, s'il s'attachait seulement aux réalités palpables, ne voulait en laisser échapper aucune. Or la faculté de s'émouvoir, de se passionner, est une des facultés les plus fréquemment observées dans l'homme. Cette faculté nous fait éprouver un certain besoin d'idéal plus ou moins vif, suivant les différents individus. Il faut un aliment à ce besoin qui existera toujours dans la nature humaine; c'est la religion, une nouvelle religion si c'est nécessaire, qui répondra à ce besoin.

On constate que Saint-Simon était toujours positif, réaliste, en s'attaquant à ce problème; d'autant plus qu'il n'a point eu l'intention de nous démontrer la vérité d'une religion, de se faire l'apologiste d'un dogme quel qu'il soit. Certains prétendent, et leur opinion, on le verra par la suite, est vraisemblable, que Saint-Simon n'a pas été plus convaincu intérieurement de sa religion que d'aucune autre. Tout ce qu'il voulait, une fois de plus, c'était donner un aliment nécessaire à ce besoin d'exaltation sentimentale inhérent à la nature humaine. Même lorsqu'il prononçait le nom de Dieu, ce nom sacré pour tant de croyants n'était pour lui qu'un mot nécessaire. Nous allons donner un aperçu du « Nouveau Christianisme ».

Il y a lieu de remarquer que le sentiment religieux de Saint-Simon a évolué suivant les moments. Tout d'abord, il reconnaît le christianisme comme d'origine divine; mais le clergé, dit-il, s'est trop éloigné de la formule chrétienne « Aimez-vous comme des frères », pour se confiner dans des questions de dogme et de culte; il importe de rajeunir le christianisme. Saint-Simon laisse cependant déjà entrevoir que sa religion différera beaucoup plus qu'on ne croirait de la religion traditionnelle, et qu'elle ne sera pas simplement un christianisme rajeuni.

Voici en effet ce qu'il nous déclare : la doctrine catholique a eu un mépris particulier pour la matière, il faut que la religion de l'avenir la réhabilite.

Il y a, d'après Saint-Simon, deux parties à distinguer dans la religion chrétienne; une partie humaine, et une partie divine; la partie humaine, c'est ce qui a été ajouté à la religion par le clergé; la partie divine, elle, tient tout entière dans un seul principe et ce principe, c'est celui de la fraternité humaine. Saint-Simon reprendra la mission à laquelle le clergé catholique, à son avis, s'est montré infidèle, c'est-à-dire à la mission de fraternité donnée par le Christ. Préoccupé avant tout des intérêts matériels des hommes que l'Eglise avait, d'après lui, trop négligés, il sera le véritable pape, le vicaire de Dieu sur la terre. Le pape, les cardinaux et tous les prêtres catholiques ne sont plus assez instruits pour diriger les fidèles, car ils ignorent les beaux-arts, la science, l'industrie. Les Pères de l'Eglise sont les seuls qui aient enseigné et appliqué la vraie morale et, pour l'époque où ils ont vécu, ils ont été infaillibles. Luther, lui aussi, a méconnu le rôle de la religion chrétienne qu'il a replacée en dehors de l'organisation sociale; il a enlevé au christianisme la fonction qu'il avait progressivement acquise; il a dégradé le culte en bannissant l'art de l'Eglise; il a stérilisé le christianisme. La nouvelle religion, le « Nouveau Christianisme », sera simplement une religion d'amour, une religion sociale.

La vieille formule d'amour, de fraternité, sera complètement transformée par la nouvelle signification sociale que lui donne Saint-Simon. La traduction de la maxime ancienne dans le monde moderne sera : — « Toute la société doit travailler à l'amélioration physique et morale de la classe la plus nombreuse et la plus pauvre. »

Rappelons-nous de plus que « dans les *Lettres d'un habitant de Genève*, Dieu se confondait avec la loi de Newton, la providence divine avec le progrès scientifique... et l'on restera persuadé que Saint-Simon n'est pas plus revenu au déisme qu'à la théologie chrétienne » ([39]).

([39]) Dumas, *Psychologie de deux messies positivistes . Saint-Simon et Auguste Comte*, p. 101

CHAPITRE II

EXPOSITION DE LA DOCTRINE DES SAINT-SIMONIENS

I. — Considérations générales.

Après avoir exposé en détail la doctrine d'un maître, il n'est pas dénué d'intérêt de dire quelques mots de la doctrine de ses disciples, surtout lorsque les conceptions de ces disciples sont assez nouvelles pour pouvoir être considérées comme un développement original et non pas seulement comme un résumé des idées du maître, ce qui est précisément le cas pour les constructions des Saint-Simoniens.

L'Ecole saint-simonienne, on le sait, prit de bonne heure les allures d'une secte. « Il y eut au sommet un « collège » formé des chefs de la secte; au-dessous d'eux, on établit bientôt un second « degré », en attendant un troisième et un quatrième degrés; les membres du collège furent les pères, les autres furent les fils. Entre fidèles du même degré, on se traitait de frères comme les adeptes de la primitive église chrétienne. Le 7 décembre 1828, il y eut une véritable séance religieuse pour l'installation du second degré. » (¹).

---

(1) D'après Weill, *L'Ecole saint-simonienne*, p. 17.

Bien entendu, nous n'exposerons pas la doctrine de chacun des Saint-Simoniens, qui d'ailleurs fut résumée dans son ensemble dans les conférences faites par l'un d'entre eux, Bazard. Il suffit de citer le nom des disciples les plus remarquables. Outre Bazard, nous trouvons Enfantin qui fut seul père suprème après le schisme de l'autre chef; Olinde Rodrigues et son frère Eugène, etc...

Ce qui accentua le caractère de secte de cette école, ce fut précisément le véritable apostolat auquel tous ses membres se livrèrent, faisant conférence sur conférence, portant partout la bonne parole, et essayant de faire pénétrer jusque dans les campagnes la nouvelle foi. C'est vraiment une histoire fort curieuse que celle des Saint-Simoniens, et nous ne pouvons mieux faire que de renvoyer le lecteur à l'ouvrage déjà cité de Weill. Ce qui va principalement nous intéresser ici, c'est leur doctrine plutôt que la suite des vicissitudes par lesquelles ils passèrent.

II. — En quoi les Saint-Simoniens ressemblent à leur maître.

On ne peut nier la filiation intellectuelle qui rapproche étroitement, réunit Saint-Simon et ses disciples. Ces derniers en effet n'ont point renié leur maître, puisqu'ils se sont toujours réclamés de lui, ne parlant de lui qu'avec le plus grand respect. Ils fon-

dèrent, en 1825, après sa mort, une revue, *Le Producteur*, qui ne parut qu'un an et par laquelle ils
essayèrent de propager le plus possible les idées du
grand penseur. Ce qui est à remarquer, c'est qu'ils
exaltent le rôle de « l'industrie », et en cela se marque
leur fidélité à la pensée de Saint-Simon. Ce dernier
avait nettement établi l'opposition entre le type des
sociétés militaires, qui avait prévalu dans le passé,
et le type des sociétés industrielles, appelé à avoir la
prépondérance dans l'avenir; de même, dans la doctrine des Saint-Simoniens, nous voyons exactement la
même idée : « L'activité matérielle est représentée,
dans le passé, par la double action de la guerre et de
l'industrie, dans l'avenir, par l'industrie seule, puisque l'exploitation de l'homme par l'homme sera rem-
placée par l'action harmonique des hommes sur la
nature. » (2).

Tous les problèmes successivement abordés par les
Saint-Simoniens ne tendent qu'à un seul but : le développement de l'industrie; lorsqu'ils se préoccupent de
la répartition des instruments de production en proportion des besoins de chaque localité et de chaque
branche d'industrie, et relativement aux capacités individuelles, c'est en vue d'assurer un développement
plus rationnel de l'industrie. Toute leur théorie des

---

(2) Bouglé et Halévy, *Exposition de la doctrine de Saint-Simon*,
1re année, Paris, Librairie Rivière, 1924, p. 162.

banques, du crédit, n'a été, elle aussi, édifiée que pour cette fin.

Les industriels se sont associés pour défendre leurs intérêts et ils se sont appuyés sur les banquiers pour lutter contre la classe oisive. Le résultat de cette innovation, c'est de mieux partager les ressources entre ceux qui en ont besoin, car les banquiers sont bien placés pour se rendre compte des capacités et agir en conséquence; grâce à l'organisation centralisée de l'industrie, les travailleurs peuvent essayer de satisfaire des besoins dont ils connaissent mieux l'étendue.

Ce qui se produit actuellement ressemble fort à ce qui se produisit il y a huit cents ans, lorsque la centralisation de la propriété, sous le gouvernement des seigneurs, succéda au morcellement qui existait auparavant sous la forme d'alleus libres. La seule différence que présentent les deux périodes, c'est que, dans la première, tout était combiné en vue de la guerre et de la destruction, tandis que, dorénavant ce sera, et c'est d'ailleurs déjà, pour la paix et la production qu'il faut se grouper. Ce mouvement que nous venons de signaler s'opère d'une manière en quelque sorte instinctive. Cela n'empêche point que nous intervenions afin de lui assurer plus de précision et d'efficacité. On peut, par exemple, essayer de réduire la quantité de monnaie en circulation en généralisant la confiance, fonder des banques qui augmentent les rencontres heureuses entre les capitaux, les industriels et les savants.

Les Saint-Simoniens, au moment où ils fondèrent le *Producteur*, faisaient passer leurs idées religieuses avant tout autre ordre de préoccupations; ce caractère mystique domina assez longtemps chez eux; sans nous étendre ici sur ce sujet, nous pouvons dire que pour eux l'erreur principale du christianisme c'est que, dans cette religion, la matière est sacrifiée à l'esprit; ils faisaient remarquer que, dans ces conditions, les dogmes chrétiens n'étaient pas qualifiés pour assurer le développement de la grande puissance du jour, l'industrie; le Christ enseigne que « son royaume n'est pas de ce monde. Et, par suite, les efforts auxquels on peut se livrer pour améliorer notre condition ici-bas doivent lui rester, en fin de compte, indifférents... La vie n'est qu'une vallée d'épreuves; la matière, un obstacle, un danger. » [3].

Par d'autres voies encore, les Saint-Simoniens arrivaient à exalter l'industrie : « L'avenir, avait dit Saint-Simon, se compose des derniers termes d'une série dont les premiers constituent le passé. Quand on a bien étudié les premiers termes d'une série, il est facile de poser les suivants : ainsi du passé bien observé, on peut facilement déduire l'avenir. » [4].

Les disciples ont pieusement recueilli cette concep-

---

(3) D'après Bouglé et Halévy, *Exposition de la doctrine de Saint-Simon*, 1re année, Paris, Librairie Rivière, 1924, préface, p. 24.

(4) Saint-Simon, *Mémoire introductif sur sa contestation avec M. de Redern*, 1812.

tion, et à leur tour, ils en ont fait largement usage pour appuyer leurs thèses. D'après eux, l'évolution est un progrès dont on peut découvrir la loi et la tendance. Les quatre premiers volumes du *Producteur* ont été presque exclusivement consacrés au développement des séries historiques relatives aux faits industriels et scientifiques, d'où ressortaient des considérations sur le rôle politique des savants et sur les combinaisons favorables aux plus grands efforts de l'industrie. Les Saint-Simoniens se sont appliqués à démontrer la décroissance constante de l'influence des militaires, c'est-à-dire de l'exploitation de l'homme par l'homme et, en même temps, les progrès des travailleurs pacifiques, c'est-à-dire de l'exploitation du globe par l'industrie. Pour eux, la science sociale, répètent-ils, doit revéler avec certitude à l'humanité son avenir; c'est la science de l'espèce humaine; les faits y sont classés par séries de termes homogènes enchaînés par ordre de généralisation et de particularisation, de manière à faire ressortir leur tendance; l'homme a jusqu'ici exploité l'homme; l'association universelle est l'avenir. Ce nouveau droit fondé, comme nous l'avons montré, sur la capacité de chacun, substitué au droit du plus fort et au privilège de la naissance, est pour eux conforme aux lois de la nature et à la volonté divine. Saint-Simon est venu comme eux dire à l'homme : « Tu travailleras. »

Il y a toujours eu dans le passé « deux états distincts et alternatifs de la société; l'un que nous appelons état organique, où tous les faits de l'activité humaine sont classés, prévus, ordonnés par une théorie générale... L'autre, que nous nommons état critique, où toute communion de pensée, toute action d'ensemble, toute coordination a cessé... Un état organique précéda l'ère des Grecs, que l'on nomme ère philosophique, et que nous préciserons avec plus de justesse par le titre d'époque critique... La constitution de l'Eglise commence une nouvelle époque organique qui s'arrête au xv° siècle, à l'instant où les réformateurs donnèrent le premier signal de la critique continuée jusqu'à nos jours. » (⁵).

A l'origine de l'histoire, la haine est développée au plus haut degré entre les peuples; l'homme a droit de mort sur ses esclaves; puis ensuite il n'immole plus ses esclaves; plus tard encore, l'esclavage devient le servage. Aujourd'hui, les peuples sont prêts à l'association universelle. D'autre part, la force guerrière d'abord déifiée est peu à peu détrônée par le travail pacifique.

Les Saint-Simoniens s'étendent fort longuement, avec un grand luxe de détails, sur cette question de l'évolution de l'humanité dans un sens favorable au développement de l'industrie; le mot industrie pour eux, comme pour leur maître, est synonyme de travail

---

(5) *Œuvres de Saint-Simon et d'Enfantin*, vol. 42 : *Doctrine Saint-Simonienne*, 1ʳᵉ partie, Paris, Ernest Leroux, éditeur, 1877, p. 87.

et s'applique aussi bien à l'œuvre des savants, des artistes, qu'à celle des travailleurs manuels. Nous ne suivrons pas plus longtemps les Saint-Simoniens dans leurs développements; nous nous contenterons, pour terminer cette question, de citer la formule par laquelle ils déclaraient, qu'à l'avenir « chacun sera placé selon sa capacité et rétribué selon ses œuvres », ou, si l'on préfère, la devise du *Globe* saint-simonien : « A chacun selon sa capacité et à chaque capacité selon ses œuvres. »

Nous venons d'indiquer les points de ressemblance les plus frappants entre la pensée du maître et celle de ses disciples. Il est d'autres sujets où les idées des Saint-Simoniens sont peut-être moins strictement fidèles à la pensée du maître, où les initiatives des disciples sont plus marquées; ils n'en laissent pas moins transparaître la continuité d'une conception qui apparente étroitement les fils à leur père spirituel; c'est jusque dans les questions où les Saint-Simoniens ont fait œuvre personnelle que se fait toujours sentir, d'une manière ou d'une autre, l'influence de l'auteur des *Lettres d'un habitant de Genève;* cette influence est bien évidente, par exemple, dans les solutions que proposent les Saint-Simoniens à la question de la propriété.

La secte saint-simonienne, on le verra bientôt, a nettement dépassé Saint-Simon à ce sujet par la hardiesse de ses conceptions; cependant elle a fait appel à l'argument historique, à la loi de l'évolution de l'humanité, dont nous parlions à l'instant.

III. — En quoi les Saint-Simoniens diffèrent de Saint-Simon.

La propriété est le grave problème auquel se sont attaqués les disciples de Saint-Simon avec une vigueur, une originalité qui leur est propre, et qui leur fait une place spéciale dans l'histoire des doctrines économiques. La propriété, disent-ils, constitue le fonds de production; la propriété, y compris les capitaux, permet de lever une prime sur le travail d'autrui. Pour dénoncer l'exploitation des travailleurs par les propriétaires, ils ne s'appuient point sur une donnée théorique comme le fera par exemple Karl Marx fondant son système sur l'idée de la plus-value. Ils se contentent d'attaquer ceux qui touchent des rentes, des bénéfices sans travailler. Matériellement ce qu'ils avancent est indiscutable : le propriétaire, le rentier ont des bénéfices, des revenus plutôt, sans travailler.

« L'objet de notre examen, en ce moment, sera l'exploitation de l'homme par son semblable, exploitation continuée et représentée aujourd'hui par les relations du propriétaire avec le travailleur, du maître avec le salarié : nous allons l'observer dans le fait qui la domine, qui en est la raison la plus prochaine; la constitution de la propriété, la transmission de la richesse par l'héritage dans le sein des familles. Selon le préjugé général, il semble que quelles que soient les révolutions qui puissent survenir dans les sociétés, il ne peut s'en opérer dans la propriété; que la propriété enfin est un fait invariable. Les hommes qui appartiennent aux opinions politiques ou religieuses les plus diverses sont complètement d'accord sur ce point; et tous, au moindre symptôme d'innovation à cet égard, en appellent aussitôt à la conscience universelle qui proclame, disent-ils, la propriété comme la base même de l'ordre politique. Nous aussi, en nous renfermant dans ces termes généraux, nous répéterons, si l'on veut, que la propriété est la base de l'ordre politique; mais la propriété est un fait social, soumis, comme tous les autres faits sociaux, à la loi du progrès; elle peut donc, à diverses époques, être entendue, définie, réglée de diverses manières. » [6].

Quel sera donc le régime futur de la propriété ? M. Bourgin, dans son ouvrage, *Les systèmes socialistes*, nous dit à ce sujet les idées des Saint-Simoniens : « Le droit de propriété (d'après les Saint-Simoniens) ne cesse de subir des amputations qui témoignent et signifient que l'heure de ses dernières transformations est arrivée. S'il demeure le privilège de lever une prime sur le travail d'autrui, cette prime, sous la forme de l'intérêt ou du fermage, ne cesse de décroî-

------

(6) Bouglé et Halévy, *Exposition de la doctrine*, p. **243-244**.

tre : on peut prévoir et on doit hâter le moment où elle sera réduite à rien. Les propriétaires ne sont que les dépositaires des instruments de travail, et, par conséquent, des biens produits par ces instruments, qu'ils ont usurpés : la loi même du progrès tend à les déposséder, en attribuant à l'Etat le droit d'héritage et de propriété. Or, l'Etat, c'est l'association des travailleurs. Le premier acte de la révolution sociale consistera à rendre l'association des travailleurs seule héritière et propriétaire de toute richesse. » (7).

Bazard lui-même nous donne les dernières précisions nécessaires : « Nous devons prévoir que quelques personnes confondront ce système avec celui que l'on connaît sous le nom de communauté des biens. Il n'existe cependant aucun rapport entre eux. Dans l'organisation sociale de l'avenir, chacun, avons-nous dit, devra se trouver classé selon sa capacité, rétribué suivant ses œuvres; c'est indiquer suffisamment l'inégalité de partage. Dans le système de communauté, au contraire, toutes les parts sont égales. » (8).

MM. Gide et Rist formulent parfaitement les objections qui se présentent à l'esprit, lorsqu'ils nous déclarent : « Qui sera chargé, par exemple, de cette fonction redoutable de juger les capacités et de rémunérer les œuvres ? Ce seront, nous disent-ils, les hommes généraux, c'est-à-dire les hommes supérieurs dé-

---

(7) Bourgin, *Les systèmes socialistes*, Librairie Doin, 1923, p. 80.
(8) Bouglé et Halévy, *Exposition de la doctrine*, p. 248.

gagés des entraves de la spécialité, et que leurs sentiments instinctifs pousseront naturellement à n'envisa
ger que l'intérêt général. Ce n'est pas très rassurant.
Car, même chez les plus grands hommes, des confu-
sions regrettables se produisent parfois entre l'intérêt
personnel et l'intérêt général. Admettons cependant
la suprématie des hommes généraux. D'où leur vien-
dra l'obéissance ? Les inférieurs seront-ils contraints
par la force ou apporteront-ils une soumission consen-
tie ? La Doctrine s'arrête à cette dernière hypothèse,
car la religion saint-simonienne n'est-elle pas là pour
inspirer aux inférieurs le dévouement perpétuel à
l'égard des supérieurs ? pour assurer, par l'amour et
par la foi, l'obéissance joyeuse et continue ? Mais, se
demandera-t-on, la religion saint-simonienne aurait-
elle le privilège unique de ne pas engendrer d'héré-
sies ? » (9).

Ce qui est curieux et digne de remarque, c'est que
les Saint-Simoniens qui dirigent leurs foudres contre
la propriété, trouvent parfaitement légitime le profit
de l'entrepreneur; ce profit constitue une juste rémunération du travail de direction, et même dans la
société de l'avenir il y aura des profits tout spéciaux
pour récompenser les grandes capacités.

Donc les Saint-Simoniens réclament la suppression
de la propriété et en particulier de l'héritage, et la

----

(9) Gide et Rist, *Histoire des doctrines économiques*, IVe édition, 1922, p. 258.

dévolution de tous les biens à l'Etat, qui se chargera
de les distribuer suivant les besoins et les mérites de
chacun; il faut ici faire une remarque importante pour
la bonne intelligence de la formule du *Globe* déjà
citée : « A chacun selon sa capacité, à chaque capacité
selon ses œuvres. »

Il s'agit de bien comprendre que le second membre de phrase ne fait point double emploi avec le
premier, et que chacune des deux parties de la formule a un sens distinct de l'autre. L'explication
de ces deux sens différents n'offre pas de grandes
difficultés pourvu qu'on se rappelle les traits généraux de la société saint-simonienne. C'est une idée
bien répandue que chacun doit être rétribué selon
ses œuvres, c'est-à-dire selon la quantité de produits
qu'il crée; il peut arriver qu'en disant : « chacun doit
être rétribué selon ses œuvres », on prenne en considération la valeur sociale des produits; mais en s'ex-
primant de la sorte, on pense surtout à la quantité
produite. C'est là précisément pour les Saint-Simoniens une erreur et une injustice; une erreur, parce
que tous les produits ne sauraient avoir la même valeur sociale; une injustice, parce que, dans la société
actuelle, chaque producteur n'est pas à la place que
devraient lui assigner ses capacités. Le fils de famille
que les hasards de l'héritage ont mis à la tête d'une
grande industrie semble produire, même s'il est inin-
telligent, des œuvres plus considérables que l'ouvrier

intelligent auquel la société, dans sa mauvaise organisation, a refusé les moyens de développer ses capacités et d'obtenir la place et le rang qu'elles lui assignaient. D'autre part, il faut avec soin éviter l'excès contraire et, sous prétexte de justice idéale, l'exaltation des capacités au dépens des œuvres. L'homme étant un producteur ne pourrait être jugé et rémunéré sans qu'il soit tenu compte du produit réel, positif de son activité.

Cette double nécessité trouve son expression dans la formule citée plus haut. La première partie : « A chacun selon sa capacité » signifie donc que les instruments de production doivent être mis à la disposition de chacun selon ses capacités. Si le banquier prête plus ou moins à telle personne, ce sera simplement en raison de la confiance plus ou moins grande qu'il aura dans son habileté à faire valoir les capitaux prêtés; voilà le sens de la première partie de la formule insérée dans *Le Globe*.

L'homme, écrit Enfantin dans le *Producteur*, travaille aujourd'hui pour lui-même. Mais la reconnaissance de l'utilité de son travail pour le bien-être de ses semblables ne sera pleinement acceptée que lorsque les capitaux et le sol seront distribués parmi les industriels en raison de la confiance qu'on aura dans leur bonne exploitation, c'est-à-dire en raison du crédit que la société accordera à leurs facultés productrices. Dans le même ordre d'idées, nous lisons dans l'*Exposition de la doctrine* : « Le seul droit à la richesse, c'est-à-dire à la disposition des instruments de travail, sera la capacité de les mettre en œuvre. »

Les droits de chacun ayant été ainsi établis selon ses capacités, nul ne pourra plus invoquer le mauvais ordre social pour excuser sa paresse; placé dans les meilleures conditions pour produire, l'homme pourra maintenant, mais maintenant seulement, être légitimement jugé à ses œuvres; et c'est là le sens de la seconde partie de la formule : « A chaque capacité selon ses œuvres ». Chaque membre du corps social réorganisé et mis en ordre sera rétribué selon la quantité de produits qu'il créera.

Cette rémunération sera le gain de chacun; ce qu'un commerçant d'aujourd'hui considérerait comme son bénéfice annuel, ce qu'un homme exerçant une profession libérale considérerait comme ses émoluments, etc., etc.

Le lecteur voit aisément combien les Saint-Simoniens ont fait, sur la question de la propriété, œuvre originale par rapport à Saint-Simon; ils ont fait preuve d'initiative sur d'autres questions aussi, et notamment à propos de la politique et de la religion.

Voyons donc les idées des Saint-Simoniens sur l'organisation politique ou plutôt sur l'organisation économique, puisque nous savons que, pour eux comme pour leur initiateur, la politique proprement dite doit disparaître pour faire place à la science de la production.

Les Saint-Simoniens nous font remarquer qu'à l'époque où ils parlent, la production et la répartition des biens se font au hasard; il n'y a pas de vue d'ensemble pour coordonner la production à la consommation et essayer par ce moyen d'éviter les crises. Il faut absolument mettre de l'ordre dans ce chaos.

« Une réforme générale des banques rendra possible l'exécution de ce plan. Aujourd'hui les banques ne sont que des intermédiaires entre les travailleurs et les possesseurs des instruments de travail : elles recevront la haute fonction de distribuer méthodiquement les instruments de travail entre tous les travailleurs dotés de l'usufruit universel, et sans aucun prélèvement, de tous les biens recouvrés par la communauté sur les anciens propriétaires. Une banque centrale sera dépositaire des titres de cette propriété universelle, dont elle dirigera l'exploitation en vue de satisfaire aux besoins généraux de l'industrie. Sous cette direction, les banques spéciales, méthodiquement hiérarchisées, organiseront la production, par localités et par catégories de matières, et la répartition, selon les règles de l'économie et de la justice. » [10].

Mais pour que toutes ces réformes puissent se réaliser, il faut encore en faire accepter l'idée à la masse; l'enseignement de l'avenir doit être en même temps physique, intellectuel et moral. L'éducation morale,

---

(10) Bourgin, *Les systèmes socialistes*, p. 81.

particulièrement négligée aujourd'hui, sera précisément d'une importance particulière dans la société de
l'avenir.

« De même que les instruments de travail, l'éducation, condition de toute activité, rationnelle et harmonique, sera accessible à tous et répartie en raison des
vocations et des capacités individuelles. L'organisation et le fonctionnement des différentes catégories et
spécialités d'enseignement seront à la charge de la
prévoyance sociale. » (11).

Pour terminer, faisons un rapide résumé de la religion saint-simonienne. C'est là un sujet que les disciples de Saint-Simon ont considéré comme très important,
étant donné que le maître était mort en attirant
leur attention sur l'avenir religieux de l'humanité.
Bien que la religion de la secte saint-simonienne soit
un développement original du « Nouveau Christianisme » de Saint-Simon, on ne peut nier l'influence du
grand penseur sur ses disciples. Ces derniers, d'ailleurs, prétendaient continuer leur maître même lorsqu'ils présentaient des arguments nouveaux.

On peut dire que les Saint-Simoniens furent « panthéistes », bien qu'ils aient protesté vivement lorsqu'on leur appliquait cette dénomination.

On s'en rendra compte au premier abord, en lisant
la formule mystique qu'ils avaient adoptée.

---

(11) Bourguin, *Les systèmes socialistes*, p. 82.

Dieu est tout ce qui est,
Tout est en Lui, Tout est par Lui.
Nul de nous n'est hors de Lui,
Mais aucun de nous n'est Lui
Chacun de nous vit de Sa Vie,
Et tous nous communions en Lui,
Car Il est tout ce qui est.

Dieu, l'être infini, universel, exprimé dans son unité vivante et active, c'est l'amour infini, universel, qui se manifeste à nous sous deux aspects principaux, comme esprit et comme matière, ou, ce qui n'est que l'expression variée de ce double aspect, comme intelligence et comme force, comme sagesse et comme beauté.

Nous repoussons, disaient-ils, l'épithète de panthéistes. On ne doit s'occuper d'un état métaphysique et religieux que s'il a des bases sociales. Dans notre conception, la matière est réhabilitée, puisqu'elle rentre en Dieu même. L'amour de l'humanité doit s'étendre à ce qui était considéré jusqu'ici comme mal. La religion nouvelle doit maintenir et réaliser « l'association de tous les hommes sur toute la surface du globe, et dans laquelle chacun sera placé selon la capacité qu'il aura reçue de Dieu et récompensé selon ses œuvres. » ([12]).

---

(12) *Œuvres de Saint-Simon et d'Enfantin*, vol. **43**; *Doctrine Saint-Simonienne*, 2ᵉ partie, p. **348**.

C'est au sujet de leur religion que les Saint-Simoniens se sont laissé aller à des extravagances, même à des inconvenances regrettables. Leur doctrine réhabilitait en effet la matière et, par suite, la chair; c'est pourquoi elle condamna la préférence que le christianisme témoigne pour le célibat. Développant le mot prononcé par Saint-Simon « l'individu social, c'est l'homme et la femme », les novateurs annoncèrent que, dans la société future, chaque fonction serait remplie par un couple.

Ainsi la doctrine, loin d'alarmer les consciences scrupuleuses, paraissait aboutir à imposer le mariage. Mais ce fut sa logique impitoyable qui conduisit Enfantin aux pires aberrations, sur lesquelles nous préférons ne pas insister, par respect pour le lecteur.

Empressons-nous de dire que Bazard, sur ce point, se trouva en désaccord formel avec Enfantin qui fut toujours l'inspirateur des conférences; cela ne peut nous étonner. C'est Bazard qui prononçait les conférences, mais il refusa de se faire l'interprète des immorales théories qu'on lui proposait d'exposer.

DEUXIEME PARTIE

SAINT-SIMON ET LE SOCIALISME

I. — Le socialisme.

Avant d'aborder le problème indiqué au début de cette deuxième partie, il est indispensable de se poser cette qustion primordiale : qu'est-ce que le socialisme? C'est là une question depuis longtemps agitée, et malheureusement loin d'être résolue.

Si nous nous plaçons tout d'abord au point de vue des personnes qui ont seulement une connaissance plus ou moins superficielle de ce problème, il semble qu'un dogmatisme commode puisse s'imposer; il n'est personne qui mette en doute la possibilité d'une définition nette, précise, du socialisme; mais si nous voulons étudier la question d'une manière scientifique, nous aurons vite reconnu l'erreur de cette attitude; nous n'irons pas jusqu'à prétendre qu'une définition du socialisme soit impossible, mais nous pourrons dire, sans crainte d'erreur, qu'elle est vraiment difficile et ne comporte pas une grande précision, comme beaucoup d'autres problèmes que soulève la science économique.

Nous allons passer en revue les différentes écoles, qui peuvent toutes rentrer sous la dénomination générale de socialisme; car, il n'y a pas une, mais plusieurs écoles socialistes; et encore, aurons-nous soin de n'étudier que les principales, car de gros volumes seraient indispensables pour dire un mot de toutes. En effet, il n'y a souvent que des nuances légères de l'une à l'autre.

Il ne sera pas inutile de faire un rapide historique de la question.

Quel fut le premier socialiste? Certains prétendent le trouver en Platon; mais c'est là une affirmation au moins contestable, car la République étatiste du philosophe athénien, plus préoccupé de morale que d'économie politique, ne ressemble que de fort loin à la République sociale telle que la conçoivent les socialistes modernes. Dans la suite des siècles, combien d'hommes ont vécu qui certainement pourraient, eux aussi, être considérés comme socialistes. Cependant nous n'insisterons pas davantage sur tous ces précurseurs car, en réalité, ce n'est vraiment qu'au xviii° siècle que le socialisme prend conscience de lui-même, et, pour préciser davantage, c'est avec la révolution de 1789 que l'on voit éclore le socialisme. On a beaucoup discuté sur le point de savoir si la révolution de 1789 fut socialiste. Il semble bien que non. Cependant, elle a eu, en quelque sorte, des vélléités dans ce

sens. Il ne faut surtout pas oublier qu'à cette époque
il y eut quelques hommes isolés, qui eurent des tendances franchement socialistes. Le nom de Babœuf se
présente tout naturellement à l'esprit, de Babœuf qui
rêvait d'un partage égalitaire de tous les biens entre
tous les hommes, et dont la phrase suivante résume
bien les idées : « La nature a donné à chaque homme
un droit égal à la jouissance de tous les biens. » C'était
déjà le communisme. Nous retrouvons, plus tard, le
communisme dans les théories d'Owen; mais, c'est le
communisme coopératif. Vers la même époque, nous
voyons Buchez et Cabet présenter la même doctrine,
avec quelques variantes : le premier, voulant réaliser
l'association ouvrière organisée en vue de la production, et pouvant être considéré comme un adepte du
coopératisme, aussi bien que du communisme; le second, au contraire, présentant un plan logiquement
ordonné : il montre comment la révolution n'a pas su
réaliser l'œuvre qu'elle devait accomplir, comment
elle a laissé substituer des inégalités criantes. Dans
l' « *Icarie* », il expose ses conceptions utopiques ayant
principalement pour objet de réaliser l'égalité la plus
complète et la fraternité universelle. Tous les biens,
toutes les richesses existant sur la terre appartiennent
également à tous les hommes, qui devront tous travailler, dans le nouveau régime; tous les produits de
l'activité humaine seront entassés dans des magasins
sociaux; tout le monde sera entretenu, d'une manière
uniforme, aux frais de la communauté, etc...

Jusqu'à la révolution de 1848, une propagande active s'appliquera à vulgariser ces idées de Cabet. Enfin, de nos jours, le communisme a toujours des adeptes, mais, au point de vue théorique, le communisme, pas plus d'ailleurs que les autres écoles dites socialistes, n'a échappé à la dégradation doctrinale, qui atteint presque tous les systèmes.

Disons maintenant quelques mots du collectivisme. Son origine est plus récente que celle du communisme. En France, c'est Pecqueur et Vidal qui, les premiers, ont fait la distinction fondamentale dans laquelle réside l'essence même de la doctrine, la distinction entre les instruments de production et les objets de consommation, l'appropriation individuelle ne devant plus porter que sur les seconds. C'est au collectivisme qu'était réservé le privilège d'avoir pour adepte l'homme le plus célèbre, le nom le plus fameux du socialisme, Karl Marx, dont l'autorité doctrinale bien que diminuée déjà, subsistera longtemps encore. Il n'aura pas suffi de démontrer scientifiquement que sa théorie de la « plus-value » reposait sur un fondement erroné, sur une conception complètement fausse des lois de la valeur, pour détruire son prestige. Cela est si vrai que les termes « collectivisme » et « marxisme » sont devenus en quelque sorte synonymes. Cependant, le collectivisme a poursuivi sa voie, parfois en reniant plus ou moins les idées de l'auteur du « *Capital* ».

Une doctrine socialiste différente encore de celles

que nous venons d'exposer, c'est le coopératisme.
Ainsi que son nom le fait supposer, ce système préconise les sociétés coopératives, coopératives de production et coopératives de consommation. Les coopératives de production proprement dites, c'est-à-dire celles
qui ne dépendent pas des coopératives de consommation, sont encore peu nombreuses en tous pays; les
coopératives de consommation ont déjà pris un essor
beaucoup plus considérable et elles se sont mises à
produire elles-mêmes. Nous mentionnerons principalement les Wholesales anglaises.

« La direction de l'affaire appartient non pas aux
capitalistes, qui ne disposent que d'une voix par tête
comme associés, quel que soit le nombre de leurs ac-
tions, non pas même aux travailleurs et employés,
mais aux consommateurs associés. La répartition des
bénéfices que réalise la société en vendant les mar-
chandises à ses membres aux prix du commerce, après
certains prélèvements destinés aux dépenses d'éducation et d'assistance mutuelles, se fait entre les associés au prorata de leurs achats, sans distinction, suivant la nature des achats et l'origine des profits;
quant aux capitaux, ils n'ont droit qu'à un intérêt
fixe, de même que les travailleurs et employés n'ont
droit qu'à un salaire fixe, sauf dans la *Wholesale
Society* écossaise où ils ont une part des bénéfices. » (¹).

---

(1) Bourguin, *Les systèmes socialistes et l'évolution économique*,
1925, p. 107.

Le mouvement coopératif n'est pas encore bien développé, surtout en France. Chacun sait que M. Gide, un des économistes modernes les plus autorisés, est un adepte du coopératisme, non seulement un adepte, mais encore un apôtre (2). Il voit dans ce système le moyen de réaliser de grandes améliorations économiques et sociales. L'avenir seul pourra résoudre ce problème, mais encore faudrait-il que le nombre des coopératives augmentât considérablement.

Il faut aussi mentionner le socialisme d'Etat. Est-ce là, vraiment, une doctrine différente des précédentes? Beaucoup de bons esprits y voient simplement une tendance, un mouvement ayant ses fondements dans des considérations morales et politiques plutôt qu'économiques. Ce socialisme d'Etat, on le sait, s'est inspiré sans les reproduire exactement des idées de Lassalle et de Rodbertus, le grand théoricien allemand, le Ricardo du socialisme, ainsi qu'on l'a appelé. En quoi consistent donc les grandes lignes de ce nouveau système?

Il consiste, avant tout, ainsi que son nom l'indique, à faire appel à l'Etat, à combattre, autant que possible, le préjugé créé par l'école classique individualiste, et d'après lequel on prétend que l'Etat, par sa nature même, se trouve frappé d'une incapacité toute parti-

(2) Voir Gide, *La coopération*, conférences. Larose, 1900, et, principalement, la troisième conférence.

culière. Ainsi que nous l'avons dit, il a un caractère surtout moral; aussi le socialisme d'Etat veut égaliser, autant que possible, les situations sociales sans s'embarrasser de théorie pure; il reste dans une indétermination fâcheuse, surtout pour l'économiste épris de rigueur scientifique; il proclame simplement que c'est l'Etat qui jouera le principal rôle, qui redressera les injustices de la répartition en prenant par l'impôt, aux classes possédantes, leur superflu, voire même une partie de leur nécessaire, s'il le faut, afin d'en faire profiter les classes populaires, sous forme d'institutions d'assistance, de prévoyance; en édictant toute une législation s'inspirant des mêmes vues générales, lois protectrices du travail, durée du travail, hygiène, etc.

C'est en Allemagne que nous trouvons l'origine du socialisme d'Etat; il s'est ensuite propagé aux autres pays qui, de nos jours, en ont fait des applications plus ou moins directes. En France même, on ne saurait nier que toute la législation ouvrière et industrielle, qui s'est considérablement développée dans le cours de ces dernières années, est due, certainement, à la prédominance de cette conception.

Mentionnons enfin, pour terminer, le syndicalisme. Les ouvriers, réunis dans les syndicats depuis que des lois récentes ont consacré la liberté d'association, détruite par la Révolution, ont pris conscience de leur force et ils prétendent employer cette force à la réalisation de leurs revendications; aussi, le mouvement syndicaliste, dans son ensemble, a-t-il des tendances essentiellement révolutionnaires : il prétend agir par la grève générale.

Nous arrêterons ici ce rapide exposé des principales écoles socialistes. Il était utile de connaître les grandes lignes de ces doctrines diverses afin de se rendre compte si une définition générale du socialisme pouvait s'appuyer sur un terrain qui leur fût commun. Cependant, nous n'allons pas nous prononcer encore sur cette question, car il nous faut, auparavant, exposer tout ce qui peut contribuer à nous éclairer; or, nous n'avons point encore épuisé les éléments d'appréciation qui peuvent nous aider à conclure, on va le voir par la suite.

Disons, tout d'abord, que les diverses écoles socialistes dont nous venons de parler succinctement : communisme, collectivisme, coopératisme, socialisme d'Etat, syndicalisme, ont toutes soulevé de très vives objections; toutes ont paru également insuffisantes. Que ce soit dans le domaine des faits ou dans le domaine des idées, il n'y a aucune d'elles qui, jusqu'à ce jour, ait pu faire la preuve complète de sa vérité. Sans doute on nous objectera l'exemple de l'Etat socialiste que les Pères Jésuites fondèrent et gouvernèrent un siècle et demi au Paraguay. Dans cet Etat, en effet, qui fut très florissant au xviie siècle, la propriété privée n'existait pas : tous les moyens de production étaient communs; la monnaie et les instruments

d'échange autorisés seulement et par une naturelle
nécessité, pour les relations extérieures; la consommation assurée et réglée par la puissance publique.
Mais ce fut aussi une théocratie rigoureuse. Les Pères
Jésuites occupaient seuls tous les postes de direction:
une centaine de prêtres réglaient, jusque dans ses plus
infimes détails, l'existence de cent mille Indiens. Toute
l'autorité y était fondée sur la religion et l'ascendant
moral des prêtres, qui n'usèrent jamais de contrainte
violente. Les peines, et surtout les récompenses, plus
largement utilisées, étaient d'ordre religieux; « les
plus hautes étaient l'admission dans les chœurs, dans
la musique, et surtout dans les confréries religieuses
que distinguaient, dans les processions solennelles, des
places d'honneur et des insignes spéciaux. » (3).

Toute cette organisation reposait donc sur la foi
complète des Guaranis, organisés ainsi par le génie
des Jésuites. On voit par là combien il serait téméraire
de tirer de cet exemple un argument en faveur de la
possibilité d'un régime communiste semblable dans
notre société européenne, où risquerait fort de manquer la pièce maîtresse de l'édifice des Jésuites du Paraguay : la foi.

On nous objectera aussi l'essai d'organisation collectiviste et communiste tenté de nos jours en Russie;
mais le moins qu'on en puisse dire c'est qu'il n'a pas

____

(3) Laskine. *Le socialisme suivant les peuples*, p. 51.

Jullien

réalisé les espoirs qu'il avait fait naître chez certains et qu'il n'a pas tenu les promesses que l'on faisait en son nom.

Quant au coopératisme, au syndicalisme, etc., ils sont d'application encore trop récente et trop restreinte surtout pour qu'on puisse juger de leur valeur. Ce qui est sûr, en tout cas, c'est qu'ils n'ont point encore guéri les sociétés humaines des maux dont elles sont affligées, hélas! et même on peut dire que le syndicalisme a révélé, d'une manière éclatante, les tendances néfastes, antisociales de son action, dans les quelques circonstances rares où il a essayé de passer à la réalisation de ses idées comme, par exemple, au mois de mai 1920, lorsqu'il a tenté de déclencher une grève générale.

Mais ce que la leçon des faits a révélé apparaîtra de manière tout aussi évidente par le raisonnement. A quoi bon, d'ailleurs, insister sur ce point ? La valeur doctrinale des différentes conceptions socialistes proposées jusqu'à ce jour a été pesée par des esprits sérieux, soucieux, avant tout, de rigueur théorique, et l'on peut dire, sans exagération, que la valeur de tous ces systèmes est contestée au nom de la science. Il n'est pas dans nos intentions de faire la démonstration de l'insuffisance de toutes ces conceptions, car c'est là une matière considérable qui demanderait, à elle seule, des pages innombrables. Contentons-nous de renvoyer le lecteur aux ouvrages indiqués plus loin, à la bibliographie.

C'est précisément devant la faillite de toutes ces théories qu'un auteur moderne s'est demandé si le socialisme devait se résigner à mourir et s'il n'était pas possible de le rajeunir, de le ressusciter en l'appuyant sur des fondements plus solides, qui ne seraient pas en contradiction flagrante avec les données de la science économique contemporaine. C'est ainsi que fut édifiée la théorie du surplus social qui peut se résumer ainsi : La nécessité des capitalistes, ou plutôt du capital ayant été démontrée, la démonstration ayant été faite également qu'on ne saurait refuser d'accorder au capital un intérêt, à la propriété une rente, sans bouleverser complètement tout le système social et amener des troubles dont les répercussions s'arrêteraient on ne sait où et auraient pour résultat certain de rendre plus malheureuses encore ces classes populaires dont on aurait voulu au contraire assurer le bonheur, ne pourrait-on pas soutenir la thèse suivante : Reconnaissons le fait, et ne le discutons plus. Mais il nous reste à affirmer que c'est une injustice de voir ces capitaux, ces propriétés foncières, accaparés par certains individus, à l'exclusion des autres, cet accaparement résultant simplement du jeu des lois positives et n'ayant rien d'inéluctable et d'indispensable comme l'existence même du capital et de la propriété (⁴).

------

(4) Cf. Aftalion, *Les fondements du socialisme*, Paris, Librairie Rivière, 1923.

Mais cette nouvelle thèse, qui n'avait été construite que pour les besoins du raisonnement, présente elle aussi de graves lacunes que nous résumerons rapidement. En effet, il y a beaucoup d'appropriations individuelles qui sont injustes, parce qu'elles sont le fruit du hasard, du jeu des lois positives, sans qu'aucun mérite du possédant puisse légitimer cette affectation d'une richesse à la satisfaction des besoins, des désirs, d'un seul individu, à l'exclusion des autres; mais, par contre, il y a aussi de nombreux cas dans lesquels la propriété a été acquise par le travail même de celui qui a créé sa situation, de celui que les Américains nommeraient un « *self made man* ».

On pourrait faire remarquer également que la thèse du surplus social implique une critique radicale de l'hérédité; or, cette critique risque, si elle est trop absolue, de conduire à des injustices. C'en serait une, et fort grave, que de condamner l'hérédité, indistinctement, dans tous les cas; de plus, si l'on admettait la légitimité de cette théorie, cette conception aurait évidemment pour résultat de faire attribuer à la communauté tout ce qui, chez les possédants, n'est pas le fruit de leur œuvre personnelle; ce serait donc vouer, presque toujours, à une consommation improductive un fonds social qui, dans le régime actuel, est toujours plus ou moins bien conservé par le libre jeu de l'intérêt personnel, de cet intérêt personnel qu'Adam Smith dénommait « amour-propre », et dans lequel il voyait sinon l'unique mobile de l'activité humaine, comme on le lui a reproché, mais, du moins, le mobile prépondérant.

Nous n'insisterons pas davantage sur cette question, et, après avoir très rapidement exposé les principales doctrines socialistes, afin de rechercher une définition générale du socialisme, après avoir également montré les objections soulevées par ces différentes écoles, nous exposerons encore, pour finir de nous éclairer, les opinions des auteurs les plus qualifiés sur cette définition possible du socialisme.

, M. Bourgin nous donne cette définition négative : « N'est pas socialiste tout système qui n'est pas ou n'implique pas un système de reconstitution totale de la société..., qui ne renferme pas ou n'implique pas une critique radicale des institutions sociales...; qui ne renferme pas un principe social d'intervention dans les relations entre les individus. » (5).

Retenons le dernier membre de la phrase de M. Bourgin et comparons-le avec ce que dit M. Laskine : « Les socialistes prétendent faire servir leur système à l'émancipation totale de l'individu. » L'opposition des deux conceptions apparaît évidente, et cela nous confirme la justesse de ce que nous dit le même M. Laskine, à savoir qu'il y a une erreur manifeste à vouloir

---

(5) Bourgin, *Les systèmes socialistes*, Librairie Doin, Paris, 1923, p. 3.

définir le socialisme comme on a essayé de le faire
par une doctrine soi-disant contraire : l'anarchisme.
Le même auteur nous montre qu'il est impossible de
donner une définition directe du socialisme sans cou-
rir le risque de refléter l'état d'esprit d'un auteur
plutôt que d'une doctrine et il conclut en nous disant : « Il n'y a pas le socialisme. Il y a des socialis-
mes. Il y a eu, à diverses époques, il y a, dans différents pays, des hommes de races différentes, de tem-
péraments différents, de formation intellectuelle et
morale différente, agissant dans des milieux différents,
qui ont ceci de commun qu'ils se disent et se croient
socialistes. » (6).

Ainsi la science économique se trouve ici en présence
d'un terme qu'elle doit renoncer sinon à étudier et à
approfondir davantage, du moins dans l'état actuel de
ses conceptions, à définir en une formule satisfaisante.
Nous devons dire cependant qu'avec l'évolution des
idées modernes, le socialisme, même le socialisme qui
s'intitule fièrement « scientifique », comme le marxisme, tend à être exclusivement un socialisme de
classe, parfois un socialisme ouvrier, mathématique-
ment égalitaire, un socialisme catastrophique, prônant
l'action directe et la révolution.

Faut-il donc, comme conclusion de cette étude sur
la définition du socialisme, rejeter toute solution et

---

(6) Laskine, *Le socialisme suivant les peuples*, p. 34.

avouer une impuissance complète à répondre à cette difficile question ? Nous ne le croyons pas; il faut faire effort, au contraire, à notre avis, pour résoudre ce problème : une réponse est possible, mais à la condition de ne pas lui attacher une valeur absolue, une précision qu'elle ne saurait avoir. Il nous semble, surtout si l'on se reporte à ce qui a été dit sur les théories des principales écoles socialistes, que leur critérium commun consiste, comme l'a fait remarquer M. Gide, en ce qu'elles veulent, sinon abolir, du moins de plus en plus limiter la propriété capitaliste et son autre face, le salariat. D'après cet auteur, il est suffisant de définir le socialisme comme tendant à remplacer le droit de propriété individuelle par un mode d'appropriation plus ou moins collectif. C'est là, à notre avis, la meilleure définition du socialisme, tout en reconnaissant tout ce qu'elle a de vague.

II. — Saint-Simon et le socialisme.

Le moment est venu d'établir un rapprochement entre Saint-Simon et le socialisme, afin de faire ressortir le mieux possible les ressemblances ainsi que les différences qui peuvent exister entre les idées de cet économiste et cette doctrine.

Nous avons vu ci-dessus (⁷) que Saint-Simon ré-

---

(7) Cf. p. 14, 15.

serve toutes ses sympathies pour la classe la plus nombreuse et la plus pauvre; inutile de répéter ici les multiples passages qui éclairent le mieux sa pensée à cet égard; or cette sympathie pour les déshérités de la fortune amène immédiatement le lecteur à considérer Saint-Simon, sinon comme socialiste, tout au moins comme ayant une tendance non déguisée à l'exaltation des humbles; or c'est là un des principaux caractères que l'on retrouve dans le socialisme.

Rappelons les idées de Saint-Simon sur la propriété et sur les capitaux. Nous savons [8] que Saint-Simon, sans s'étendre beaucoup sur cette question, demande néanmoins une réforme générale de la propriété aboutissant à l'égalité industrielle qui consiste en ce que chacun retire de la société des bénéfices exactement proportionnés à sa mise sociale, c'est-à-dire à sa capacité positive, à l'emploi utile qu'il fait de ses moyens, parmi lesquels il faut comprendre, bien entendu, ses capitaux. Or M. Bourgin, on l'a vu, déclare : « N'est pas socialiste tout système qui n'est pas ou n'implique pas un système de reconstitution totale de la société..., qui ne renferme pas ou n'implique pas une critique radicale des institutions sociales..., qui ne renferme pas un principe social d'intervention dans les relations entre les individus. » Si le socialisme devait être défini exclusivement d'après les conceptions

---

(8) Cf. p. 9 et suiv.

de M. Bourgin, on pourrait bien dire que Saint-Simon en est un adepte. Il est clair,, en effet, que la réforme de la propriété envisagée par lui implique bien un système de reconstitution totale de la société, la propriété, en effet, étant la base fondamentale des relations sociales et tout ce qui la modifie devant modifier nécessairement tous les rapports sociaux; cette réforme suggérée par Saint-Simon implique bien une critique radicale des institutions sociales, d'autant plus que Saint-Simon, nous l'avons vu, a attaqué presque toutes les institutions de son temps non seulement indirectement en critiquant le régime de la propriété, mais encore directement. L'homme qui réussirait à appliquer le système de l'égalité industrielle interviendrait forcément dans les relations entre les individus.

Nous savons que Saint-Simon ne veut plus reconnaître que deux catégories de Français : les travailleurs et les oisifs; de plus, chacun devant être rémunéré d'une manière proportionnée au rôle qu'il joue dans la société, il en résultera que les riches capitalistes d'aujourd'hui tomberont dans l'indigence s'ils gaspillent leur fortune et continuent, dans le nouveau plan d'organisation économique, à ne pas travailler. Empressons-nous de reconnaître qu'il n'y a là rien qui diffère de ce qui se produit en régime normal; c'est même un fait courant et banal. Mais on peut se demander si Saint-Simon n'avait pas l'intention d'aller plus loin et de refuser tout revenu, tout intérêt de son capital, à celui qui ne contribuerait pas par son travail personnel à donner à ce capital un emploi utile pour la collectivité. Sa conception de l'égalité industrielle, que nous rappelions il n'y a pas longtemps, paraît se prêter avec beaucoup de vraisemblance à cette interprétation, sans être absolument explicite. Il en résulterait alors que, même sans se laisser aller à des prodigalités, les riches oisifs tomberaient bientôt dans la gêne par le fait seul de leur inactivité. Que de socialistes seraient heureux d'appliquer les théories de Saint-Simon sur ce point !

Nous avons dit, dans l'introduction de ce travail, que notre grand économiste avait inspiré de nombreux socialistes ou socialisants; nous allons nous arrêter un peu sur ce fait important.

Il a inspiré Proud'hon qui voulait donner une prépondérance toute spéciale aux forces économiques au détriment de la politique pure, et qui estimait que le but de la révolution devait être d'établir la constitution de la propriété et de « fondre, immerger et faire disparaître le système politique ou gouvernemental dans le système économique, en réduisant, simplifiant, décentralisant, supprimant l'un après l'autre tous les rouages de cette grande machine qui a nom le gouvernement ou l'Etat. » (⁹).

Proud'hon lui-même nous a avoué (¹⁰) qu'il avait

---

(9) Proud'hon, *Idée générale de la Révolution*, p. 196.
(10) Proud'hon, *Idée générale de la Révolution*, p. 136.

emprunté cette idée à Saint-Simon qu'il a certainement
mis à contribution également lorsqu'il nous déclare :
« Dans une société transformée, presque à son insu,
par le développement de son économie, il n'y a plus
ni forts ni faibles, il n'existe que des travailleurs,
dont les facultés et les moyens tendent sans cesse, par
la solidarité industrielle et la garantie de la circulation, à s'égaliser. » (11).

Sans doute Saint-Simon ne désirait point et ne
prévoyait point qu'un jour les hommes devinssent
égaux, mais il souhaitait ardemment, comme nous le
verrons par la suite, que les inégalités artificielles, les
démarcations arbitraires disparaissent pour ne laisser
place qu'aux distinctions fondées sur la diversité des
capacités de chacun.

Il désirait voir égaliser un grand nombre de situations sociales entre lesquelles les hasards de la naissance et les préjugés étaient seuls à maintenir une
hiérarchie qu'il ne pouvait admettre.

La question de savoir si Fourier s'est inspiré de
Saint-Simon est assez discutée; ils étaient contemporains; il n'y aurait donc rien d'étonnant que l'un des
deux ait mis à profit certaines des idées de l'autre.
Ce qui est sûr, c'est qu'il y a d'assez nombreuses ressemblances entre leurs conceptions; or, Fourier étant
un socialisant, il sera intéressant et instructif de noter

(11) *Voix du peuple*, Œuvres, t. XIX, p. 18.

les points communs aux conceptions des deux économistes. C'est peut-être au hasard seul que nous devons ces ressemblances.

Tout d'abord, ils pensent tous deux qu'il faut se préoccuper de la production. Saint-Simon déclare : « La politique est, pour nous résumer, la science de la production », et Fourier lui faisant écho dit qu' « il faut un ordre social plus productif que le nôtre ».

Tous deux veulent que chacun travaille, que chaque homme emploie pour le bien commun les capacités dont il peut être doué; ce qui les différencie peut-être, c'est que Fourier prétend rendre le travail attrayant; en effet on travaillera par plaisir dans le « Phalanstère ». Quant à l'auteur des *Lettres d'un Habitant de Genève*, il se contente d'affirmer la nécessité du travail.

Mais il ne faut pas songer uniquement à la production; il est encore indispensable de se préoccuper de la répartition. Chez Fourier cette répartition s'accomplit en attribuant une part au travail, une autre au capital et une dernière enfin au talent; même conception chez Saint-Simon qui admet parfaitement que le capital ait droit à une rémunération, à condition, bien entendu, qu'il soit employé d'une manière utile pour la société.

Ces deux penseurs éprouvent pareillement le besoin de réorganiser complètement le monde sur de nouvelles bases; ils s'attaquent hardiment à l'édifice social dont ils ne veulent laisser subsister que peu d'institutions parmi lesquelles, cependant, la propriété.

Fourier et Saint-Simon trouvent absurde le dogme de l'égalité qu'a proclamé la révolution de 1789. Saint-Simon, on l'a vu, voulait l'égalité industrielle qui est d'un genre tout spécial. Quant à Fourier, il se moque de cette égalité inscrite dans la Déclaration des Droits. De même, à propos de la souveraineté du peuple, Saint-Simon déclare : « L'expression souveraineté par la volonté du peuple ne signifie rien que par opposition à souveraineté par la grâce de Dieu... Ces deux dogmes réciproques n'ont qu'une existence réciproque. Ils sont les restes de la longue guerre métaphysique qui eut lieu dans toute l'Europe occidentale depuis la Réforme, contre les principes politiques du régime féodal » [12].

Sur le même sujet, Fourier a une attitude identique. Nous pouvons dire « qu'à côté de contrastes, et de différences essentielles, capitales même, on retrouve chez les deux précurseurs de socialisme des relations générales, des analogies curieuses, et des concordances singulières. Ils ont exercé l'un et l'autre une action commune; ils appartiennent trop au même temps pour n'avoir pas été préoccupés par les mêmes questions » [13].

---

(12) *Du régime industriel. Première lettre au roi*, Œuvres complètes, édition Dentu, 1869. V. p. 210 et 211.

(13) Louvancour, *De Henri de Saint-Simon à Charles Fourier*, thèse Paris, 1913, p. 77.

Saint-Simon a inspiré aussi Stuart Mill qui eut des tendances socialistes dans la seconde moitié de sa vie et a écrit : « S'il fallait choisir entre le communisme avec tous ses risques et l'état présent de la société où le produit du travail est distribué en raison inverse de la peine prise, où la plus large part va à ceux qui n'ont rien fait, une part un peu moindre à ceux qui ont un peu plus fait et ainsi de suite, sur une échelle descendante, jusqu'à ceux qui, pour le travail le plus épuisant, ne peuvent pas même avoir la certitude d'obtenir les nécessités de la vie, s'il n'y avait vraiment pas d'autre alternative que ceci ou le communisme, alors toutes les difficultés du communisme ne pèseraient pas un atome dans la balance. » [14].

Saint-Simon fut enfin un précurseur de Karl Marx, c'est là un fait indéniable; il ne lui a certainement pas suggéré la théorie de la plus-value telle que nous l'a exposée l'auteur du *Capital*, mais il a fourni le thème sur lequel beaucoup de socialistes ont adapté, chacun à leur manière, leurs théories particulières; le thème ou plutôt la thèse consistant à soutenir que la classe possédante exploite les travailleurs, par son accaparement des instruments de production et d'échange.

On sait que les socialistes actuels sont internationalistes; or Saint-Simon, dans la construction de ses systèmes, n'entendait point restreindre leur applica-

-----

[14] Stuart Mill, *Principes*, liv. II, chap. I, § 3.

tion à une patrie déterminée; nous avons vu au contraire (¹⁵) qu'il veut améliorer le sort de la classe la plus nombreuse, « non seulement en France, mais en Angleterre, en Belgique, en Portugal, en Espagne, en Italie, dans le reste de l'Europe et dans le monde entier ». Il avait vraiment la conscience de classe, c'est-à-dire qu'il pensait aux prolétaires du globe terrestre tout entier.

Saint-Simon se rapproche encore des socialistes par son exaltation mystique, sentimentale, sa foi naïve en la perfectibilité indéfinie de l'espèce humaine; il se rapproche d'eux par son Nouveau Christianisme. Les socialistes, en effet, ont toujours été et sont certainement plus ou moins croyants; mais cette dernière assertion demande quelques explications. En effet, ainsi que nous le fait remarquer M. Leroy, le xix° siècle a réalisé « une doctrine sociale formée scientifiquement, jouant le rôle d'une religion... Le socialisme est une science, la science sociale, dans la mesure où les explications qu'il a fournies de la production ont été faites suivant les règles de l'observation et de l'expérience..., mais il cesse d'être une science dans la mesure où il a donné à ces explications la forme de croyances émotionnelles, excitatrices d'action, dans la mesure où ces explications sont devenues en fait, dans l'âme populaire, des symboles, c'est-à-dire les

____

(15) Cf. *supra*, p. 14.

signes de ralliement du prolétariat révolutionnaire...
Il y a deux démarches dans l'esprit socialiste moderne..., la description scientifique des faits est suivie de leur affirmation sentimentale ([16]).

Lorsque Engels et Karl Marx prévoient que la société future sera collectiviste, lorsqu'ils nous font assister à la concentration de plus en plus grande de l'industrie, qui, d'après eux, va toujours en augmentant, ils font évidemment preuve d'un élan passionné vers le futur, d'anticipations exaltantes, de mysticisme, de messianisme, de religion, bien qu'en réalité ce ne soit pas une vraie religion.

Or Saint-Simon, nous l'avons dit, ne comprenait guère la religion que comme une nécessité répondant au besoin mystique que tout homme porte en lui, nécessité inéluctable pour faire aboutir toute œuvre humaine, car il faut être passionné pour mener à bien une entreprise. Il est donc incontestable qu'il y a là une évidente filiation de Saint-Simon aux socialistes.

Nous pouvons également nous demander si Saint-Simon n'avait pas une vision anticipée du matérialisme historique de Karl Marx. Ecoutons-le nous dire ([17]) que l'industrie est nécessaire non seulement à la production, au bien-être matériel d'une société, mais encore à la civilisation elle-même; il est vrai que

______

(16) Maxime Leroy, *Henri de Saint-Simon*, p. 96.
(17) Cf. *supra*, p. 25.

par industrie il n'entendait pas seulement le travail manuel, mais encore le travail intellectuel; on ne peut nier cependant qu'il a entrevu pleinement l'enchaînement étroit de toutes les branches d'activité dans le développement progressif de la civilisation, les rapports de l'économique et du moral.

Un autre point de rapprochement entre Saint-Simon et les socialistes, c'est son emploi de la méthode historique. Le marxisme, en nous montrant l'évolution de plus en plus rapide de l'industrie vers une concentration des grandes entreprises, et cela depuis le début de l'industrie humaine, use de l'argument historique; cet argument historique a été repris après les marxistes par les socialistes fabiens, par M. et Mᵐᵉ Sidney Webb et par M. Vandervelde. Le socialisme d'Etat de M. Dupont-White et de M. Wagner s'empare à son tour de l'argument historique.

Par tous les exemples que nous venons de donner des rapports de Saint-Simon avec les doctrines socialistes, nous avons montré que le critique qui, de prime abord, cataloguerait Saint-Simon comme socialiste ne paraîtrait point exagérer. Il importe cependant de prendre garde, car nous allons maintenant faire quelques remarques qui contribueront peut-être à modifier l'opinion du lecteur.

Si nous examinons avec plus d'attention ce qui pourrait au premier abord faire prendre notre économiste pour un socialiste, nous, nous apercevrons facilement que ce sont des motifs d'importance secondaire.

Nous avons tout d'abord signalé la commisération apitoyée de Saint-Simon pour les classes déshéritées et nous avons fait remarquer que c'est là un trait que l'on retrouve souvent dans le socialisme. Sans doute, et nous n'avons pas à revenir sur ce qui a été déjà dit. Mais empressons-nous de faire remarquer que ce sentiment de pitié généreuse pour les prolétaires ne constitue pas l'essence du socialisme. Quelque vague que puisse être la définition donnée du socialisme, celle qui nous a paru le plus acceptable est celle de M. Gide: le socialisme tend à remplacer le droit de propriété individuelle par un mode d'appropriation plus ou moins collectif. Selon cette définition le socialisme se détermine d'après les réformes qu'il veut entreprendre du régime social et non pas d'après sa pitié pour les classes inférieures; cette pitié constitue simplement le motif pour lequel le socialisme préconise le changement de la propriété individuelle en une appropriation plus ou moins collective.

De plus, combien d'hommes et combien de doctrines éprouvent, eux aussi, une sympathie ouverte ou dissimulée pour ceux qui souffrent, tout en étant aux antipodes des conceptions socialistes !

Nous avons parlé ensuite de la réforme de la propriété que désirait Saint-Simon, et c'est là le nœud, le cœur même de la question. Ce que Saint-Simon désire, ce n'est point substituer un mode d'appropriation collectif à la propriété individuelle; au contraire, il maintient de toutes ses forces cette propriété individuelle; il veut simplement que l'importance des biens de chacun soit proportionnée aux services qu'il rend à la société.

Nous avons montré également que l'application, la réalisation des conceptions de Saint-Simon aurait pour résultat inéluctable de réduire à un état précaire les riches oisifs qui dépensant, gaspillant le plus souvent leur fortune, et d'autre part ne gagnant rien puisque seuls les travailleurs auraient droit à une rémunération, seraient bientôt rejetés dans les rangs inférieurs de la société. Cependant, aurait pu nous répondre Saint-Simon lui-même, je ne manifeste aucune haine, aucun parti pris contre les classes possédantes; si les privilégiés de la fortune veulent conserver et transmettre leur situation à leurs enfants, ils n'ont qu'à travailler, à faire œuvre utile. Au fond, la seule conséquence des vues assez délicates, assez complexes de Saint-Simon, c'était une condamnation formelle de l'oisiveté. Pourtant, bien que notre auteur ait souvent stigmatisé les oisifs, il n'était pas dans ses intentions de forcer positivement aucun homme à travailler d'une manière exagérée; il s'en remettait au jeu de la loi de l'intérêt personnel qui ne manquerait pas d'agir avec beaucoup de force dans le système social qu'il préconisait, puisque, nous le répétons, c'était le seul moyen d'acquérir la fortune et de l'augmenter, et peut-être même le seul moyen de conserver sa situation. Il tolérait les loisirs, le repos, après une période de travail, et avait parfaitement compris que l'homme a besoin de réparer ses forces, ne serait-ce que pour mieux se consacrer ensuite à sa tâche. Il ne peut pas travailler toutes les heures de la journée, ni tous les jours de la semaine; les vacances mêmes sont nécessaires; il faut enfin retrancher de la durée d'une existence humaine le temps de l'enfance, de la prime jeunesse et enfin celui de la vieillesse.

La même observation pourrait être faite à propos de l'internationalisme de Saint-Simon que nous avons également signalé; il ne pourrait suffire à le faire classer dans les rangs des socialistes. Comme tous les grands penseurs, il voyait les choses de haut, et cet internationalisme, au lieu de le rapprocher des socialistes, pourrait tout aussi bien lui donner une ressemblance avec les économistes de l'école classique. Turgot en effet disait : « Quiconque n'oublie pas qu'il y a des Etats politiques séparés les uns des autres et constitués diversement ne traitera jamais bien une question d'Economie politique. » [18].

Le mysticisme de Saint-Simon ne pourrait suffire évidemment, pas plus que son apparente intuition

---

(18) Lettre à Mlle Lespinasse (1770).

du matérialisme historique, à le convaincre de socialisme; il est même inutile d'insister sur ce point.

Reste l'argument de la méthode historique utilisée par notre auteur; mais il serait certainement excessif de voir dans ce procédé scientifique, cher à notre grand penseur, le critérium permettant de le considérer comme socialiste. On pourrait, au sujet de l'emploi de la méthode historique, ouvrir une très intéressante discussion qui n'a d'ailleurs pas sa place ici. Mais, en tout-état de cause, il est permis d'affirmer que la communauté de méthode n'implique pas la communauté de conclusion. Pasteur, contre ses collègues de l'Académie de Médecine, luttait au nom de la méthode expérimentale; les conclusions que lui opposaient ses adversaires n'étaient-elles pas, dans leur pensée, elles aussi, fondées sur cette méthode ? C'est dans l'expérience, dans la constatation des faits que le grand savant trouvait les arguments dont il bousculait la médecine traditionnelle; c'étaient ces mêmes faits, cette même expérience qu'invoquaient contre lui les tenants de la vieille biologie. N'en pourrait-on pas dire autant des économistes ? Et n'est-ce pas au nom des enseignements de l'histoire et des droits de la raison qui s'y appliquent, que les uns, les économistes de l'école classique, défendent leurs conceptions, et que les autres, les socialistes, les attaquent et les battent en brèche ? En vérité tout ce qu'on peut dire, c'est que la pensée de Saint-Simon a marqué son empreinte

sur toute l'économie politique et que, dans les deux
camps, on utilise l'admirable instrument qu'il a créé
ou perfectionné. « Par la même méthode, par l'observation du passé et du présent, l'école socialiste et
l'école individualiste, dans leurs prévisions sur l'état
social de l'avenir, arrivent à des conclusions diamé-
tralement opposées : l'une conclut à la nécessité historique d'un régime autoritaire de propriété collective
et de production organisée, l'autre à la nécessité d'un
état de libre concurrence et d'individualisme presque
anarchique auquel les sociétés ne sauraient se déro-
ber sous peine de mort. Où est la vérité ? » ([19]).

Au début de ce paragraphe sur Saint-Simon et le
socialisme, nous avons présenté les arguments qui
peuvent faire considérer Saint-Simon comme socialiste, et le lecteur a pu croire que telle était notre opinion; mais nous venons de réfuter ces arguments, et
après cette démonstration en quelque sorte négative,
nous allons essayer maintenant d'appuyer sur des
considérations positives notre nouvelle manière de
voir.

Remarquons tout d'abord que Saint-Simon ne cherche nullement l'égalité mathématique des hommes;
c'est d'ailleurs chose impossible à réaliser; mais il
n'a même pas la pensée de s'y appliquer comme d'au-

---

(19) Bourguin, *Les systèmes socialistes et l'évolution économique*,
p. 130.

tres ont fait, par exemple les révolutionnaires de 1789 dans leur Déclaration des Droits de l'Homme et du Citoyen. Nous avons vu qu'il désirait la rétribution de chacun suivant ses œuvres, suivant ses capacités. Redonnons ici même la phrase dans laquelle il s'explique à cet égard; elle est d'une importance primordiale : « L'égalité industrielle consiste en ce que chacun retire de la société des bénéfices exactement proportionnés à sa mise sociale, c'est-à-dire à sa capacité positive, à l'emploi utile qu'il fait de ses moyens, parmi lesquels il faut comprendre, bien entendu, ses capitaux ».

Il est clair que les capacités des différents individus étant très inégales, la rémunération accordée à chacun sera très variable; il y aura donc, comme de nos jours, des riches et des pauvres. Sans doute Saint-Simon se préoccupe de ne pas laisser ces derniers dans la misère; mais quand bien même ils auraient le strict nécessaire et même davantage, l'opulence de ceux qui rempliront les fonctions importantes fera contraste avec leur quasi-pauvreté. Nous savons bien que l'on peut nous objecter l'exemple du socialisme platonicien, lui aussi nettement inégalitaire, mais nous avons déjà indiqué qu'il est difficile d'établir des rapports solides et incontestables entre l'étatisme idéaliste du philosophe grec et les constructions réalistes ou à prétentions réalistes de Saint-Simon et après lui des socialistes modernes.

Ce qu'il faut surtout remarquer, dans le passage de Saint-Simon que nous venons de citer, c'est le dernier membre de phrase : « à l'emploi utile qu'il fait de ses moyens parmi lesquels il faut comprendre, bien entendu, ses capitaux ». Ces lignes seules suffiraient à exclure l'auteur du *Catéchisme des Industriels* du sein de la doctrine ou plutôt des doctrines socialistes.

En effet, c'est vraiment un fait inouï de voir un auteur qui s'apparente par bien des points aux doctrines avancées admettre parfaitement la légitimité de la possession des capitaux pour ceux qui ont la chance d'en être nantis. Il n'est pas moins étonnant de le voir assimiler, semble-t-il, la possession de ces capitaux à la possession d'un moyen, d'une capacité quelconque. Ne nous a-t-il pas dit : « La richesse est, en général, une preuve de capacité chez les industriels, même dans le cas où ils ont hérité de la fortune qu'ils possèdent. » [20]. Cette dernière phrase est vraiment surprenante, et on se demande si elle traduit bien le fond de la pensée de Saint-Simon; si on la compare avec ce qu'il nous dit sur d'autres sujets, particulièrement sur la propriété et l'égalité industrielle, on comprend combien il est risqué de vouloir déterminer avec trop de précision les idées exactes du grand économiste sur ces importantes questions. Au début de ce paragraphe, nous faisions déjà remarquer qu'il est

---

(20) *Œuvres de Saint-Simon*, vol. 5, p. 49.

difficile de savoir quelle était sa conception sur l'intérêt des capitaux. « Il y a dans son œuvre de l'indécision, un partage de tendances contraires et non pas seulement dans les parties accessoires, mais dans les thèses fondamentales. Ses idées sont une forêt où l'on risque parfois de s'égarer. » [21]. Quoi qu'il en soit, il est permis de douter fortement du socialisme de Saint-Simon, en lisant dans ses œuvres des passages tels que celui que nous citions à l'instant.

Saint-Simon, de plus, a beaucoup de points de ressemblance avec les économistes de l'école classique et entre autres avec les Physiocrates. Il veut que l'on touche le moins possible aux organes de l'industrie [22]; il faut laisser faire; il nous dit que le gouvernement doit se contenter d'assurer la liberté. « Les gouvernements ne conduiront plus les hommes; leurs fonctions se borneront à empêcher que les travaux utiles ne soient troublés » [23]. Ne croirait-on pas entendre le docteur Quesnay ou Dupont de Nemours ? Le rapprochement qui s'effectue spontanément dans l'esprit entre Saint-Simon et les fondateurs de l'Economie politique s'accentue encore lorsqu'on sait la prédilection de notre auteur pour l'agriculture [24],

---

[21] Louvancour, *De Henri de Saint-Simon à Charles Fourier*, thèse, Paris, 1913, p. 56.
[22] Œuvres de Saint-Simon, vol. 2, p. 70.
[23] Œuvres de Saint-Simon, vol. 2, p. 168.
[24] Cf. *supra*, p. 23.

bien qu'il reconnaisse l'utilité des travaux de tous ordres. Mais ce n'est point encore tout. Il nous dit aussi, faisant allusion à la politique scientifique, positive qu'il désirait voir pratiquer : « Le gouvernement des choses remplace celui des hommes; c'est alors qu'il y a vraiment loi, en politique, dans le sens réel et philosophique attaché à cette expression par l'illustre Montesquieu. » [25].

Or, chacun connaît la définition célèbre de l'auteur de *l'Esprit des Lois* : « Les lois sont les rapports nécessaires qui découlent de la nature des choses. » Saint-Simon nous déclare donc, comme les Physiocrates, qu'il faut laisser faire les lois naturelles qui découlent des choses mêmes; il aurait pu, comme eux, nous expliquer pourquoi on dit « législateur » et non pas « législfacteur », c'est-à-dire « porteur de loi » et non pas « faiseur de loi », et montrer que la loi n'est pas une création complète de son auteur, mais la constatation et en quelque sorte la reconnaissance officielle d'un état de choses préexistant. Nous avions déjà indiqué en passant cette dernière ressemblance du grand penseur avec les Physiocrates, mais il était d'une grande utilité d'en faire de nouveau état.

Saint-Simon a aussi des points de contact avec le grand économiste classique Adam Smith. N'a-t-il pas admirablement montré, comme le grand Ecossais, la

---

(25) *OEuvres de Saint-Simon*, vol. 9, p. 131.

nécessité de la division du travail, chacun s'exerçant à la place qui doit lui être réservée d'après ses capacités spéciales? Il a aussi fait bien nettement la distinction entre la spontanéité et l'utilité des institutions économiques [26], une bonne méthode voulant que les deux points de vue soient bien séparés.

Enfin Saint-Simon a fourni quelques idées à des économistes tels que Stuart Mill par exemple, qui marqua l'apogée de l'école classique et néanmoins subit, sur certains points et surtout dans la seconde partie de sa vie, l'influence de Saint-Simon.

Saint-Simon désirait aussi que la société soit fortement hiérarchisée et qu'une bonne organisation fasse respecter l'autorité indispensable pour le maintien de l'ordre dans cette société. Il reste bien entendu que le gouvernement des choses se substituera autant que possible au gouvernement des hommes; cependant l'autorité du gouvernement sur les hommes subsistera afin de garantir le minimum d'ordre nécessaire à la production. Le gouvernement se bornera à « garantir les travailleurs de l'action improductive des fainéants, à maintenir sécurité et liberté dans la production. » [27].

Saint-Simon n'a donc pas une hostilité systématique et de parti pris contre l'action gouvernementale; il

---

(26) *Œuvres de Saint-Simon*, vol. 9, p. 134.
(27) *Œuvres de Saint-Simon*, vol. 3, p. 36.

nous dit, en effet, critiquant l'opinion de certains économistes qui pensent que le mieux pour un gouvernement est de s'abstenir : « Cette manière de voir, qui est juste quand on ne la considère que par rapport au système politique existant, est évidemment fausse, quand on l'adopte dans un sens absolu; elle ne peut subsister ainsi qu'autant qu'on ne s'est pas élevé à l'idée d'un autre système politique. » (²⁸).

Toutes les remarques que nous venons de faire font penser que Saint-Simon ne doit point être considéré comme socialiste; nous avons vu que sa conception de l'égalité n'était point conforme à la conception courante des socialisants. Nous avons vu aussi Saint-Simon adopter de nombreuses idées de plusieurs économistes de l'école classique, de cette école classique qui fut toujours l'ennemie des socialistes. D'ailleurs, c'est à chaque instant et avec de grands éloges qu'il fait des citations de Jean-Baptiste Say et d'Adam Smith.

Mais il faut signaler encore d'autres faits importants. Nous attirerons spécialement l'attention sur les idées de Saint-Simon en matière de réformes politiques. On pourrait croire, *a priori*, puisqu'il désire, comme il nous le dit souvent, l'amélioration du sort de la classe la plus nombreuse, qu'il va demander pour le peuple une participation à la puissance publique; il aurait dû logiquement réclamer le suffrage universel,

---

(28) *Œuvres de Saint-Simon. L'Organisateur*, vol. 4, p. 201.

le suffrage universel qui ne devait être réellement pra-
tiqué qu'à partir de 1848. Or il n'en est rien : « C'est
pour le peuple, dit-il, que la question (d'organisation
sociale) se résoudra, mais il y restera extérieur et passif... Le peuple a été éliminé de la question. » [29]. Le
meilleur moyen d'améliorer la condition du peuple,
c'est de « confier aux chefs des entreprises industrielles
le soin... de diriger l'administration publique, car ils
tendront toujours directement à donner le plus d'extension possible à leurs entreprises, et il résultera de leurs
efforts à cet égard le plus grand accroissement possible de la masse des travaux qui sont exécutés par les
hommes du peuple. » [30]. Comme nous le dit M. Rist,
« un économiste libéral ne parlerait pas autre-
ment. » [31]. Et dans un autre passage s'adressant à la
foule, Saint-Simon déclare : « Je conçois, mes amis,
que vous soyez très contrariés; mais remarquez que
les propriétaires, quoique inférieurs en nombre, possèdent plus de lumières que vous, et que pour le bien
général la domination doit être répartie dans la proportion des lumières. » [32].

Saint-Simon refuse donc aux hommes l'égalité politique aussi bien que l'égalité sociale; il parle à plu-

---

(29) *Œuvres de Saint-Simon, L'Organisateur*, vol. 4, p. 158.

(30) *Œuvres de Saint-Simon, Du système industriel*, vol. 6, p. 82-83.

(31) *Histoire des doctrines économiques*, par Gide et Rist, IVᵉ édition, p. 248.

(32) Extrait des *Lettres d'un Habitant de Genève. Textes choisis de
Saint-Simon*, par Bouglé, p. 17.

sieurs reprises des « atrocités épouvantables qu'entraîne l'application du principe de l'égalité en mettant le pouvoir aux mains des ignorants ».

On ne peut nier que, par ces vues spéciales, il s'écarte résolument des principes chers aux socialistes.

Remarquons aussi que Saint-Simon avait un grand orgueil de son origine aristocratique; il prétendait descendre de Charlemagne par ses ancêtres les comtes de Vermandois. Il s'appelait exactement Claude-Henri de Rouvroy, comte de Saint-Simon, et il parlait volontiers de sa parenté avec le duc de Saint-Simon, l'auteur des *Mémoires*, bien qu'en réalité ce fût une parenté un peu lointaine. Il était « un noble de vieille race et à travers les aventures de sa pensée et de sa vie il se souvint longtemps de cette origine » ([33]).

On pourrait s'étonner légèrement de cette mégalomanie chez un homme qui, à d'autres moments, affectait au contraire de trouver iniques les distinctions tenant à la naissance. Il déclare : « Ce qu'il y a eu de plus grand de fait, de plus grand de dit, a été fait, a été dit par des gentilshommes » ([34]). Il ne faut point trouver étranges ces apparentes contradictions; Saint-Simon était un de ces esprits puissants, plus remarquables par l'abondance et l'originalité des idées, que par leur organisation logique et systématique. Sur

---

(33) Dumas, *Psychologie de deux messies positivistes ; Saint-Simon et Auguste Comte*, p. 14.

(34) *Id., ibid.*, p. 29.

bien des points, il serait aisé de montrer ces variations,
ces hésitations du grand penseur. Mais au sujet de la
question spéciale dont nous parlons en ce moment,
nous croyons bien que cet orgueil de classe, manifesté
dans plusieurs circonstances par l'auteur des *Lettres
d'un Habitant de Genève*, était sincère. Il traduisait
le fond intime de sa pensée, de son caractère, beaucoup
mieux que les tendances opposées qu'il affichait à
d'autres moments. D'ailleurs il suffira de réfléchir tant
soit peu pour comprendre que Saint-Simon restait
en harmonie avec l'ensemble de ses théories quand il
exprimait sa fierté d'être gentilhomme. Ce n'était pas
sans motif en effet qu'il se recommandait de ses illustres aïeux; mais, comme il le disait lui-même, c'était
en raison du grand rôle qui avait toujours été joué,
d'après lui, par les gentilshommes, qu'il s'enorgueil-
lissait tant d'en être un; tous ces aristocrates dont il
descendait, c'étaient bien des industriels, au sens le
plus élevé du mot, puisqu'ils avaient le plus souvent
laissé des exemples magnifiques de travail, de dévouement à la chose publique, quelle que soit la forme spéciale qu'ait revêtue en fait leur activité. Que les nobles aient été d'illustres guerriers ou d'illustres savants, il était très honorifique d'appartenir, sinon à
leur famille, du moins à leur race; en tout cas Saint-
Simon, on l'a vu, prétendait appartenir à la famille
de Charlemagne; or Charlemagne était un grand
homme; sans doute l'idéal désirable pour nos sociétés

modernes, c'est de voir se substituer de plus en plus la prédominance des pacificateurs à la prédominance des guerriers; cela n'empêche point qu'à l'époque du grand empereur d'Occident, les guerriers étaient d'une utilité primordiale, ainsi que dans les siècles qui suivirent..

Enfin nous devons dire aussi que Saint-Simon, à l'encontre du socialisme moderne, était absolument opposé aux révolutions, aux luttes de classes. Sur ce point, il avait les mêmes idées que Fourier : « Ils ne rêvent pas de troubles sociaux, mais au contraire de concorde et d'harmonie. Ce qu'ils veulent, c'est assurer la paix sociale. Dans le régime harmonien, les antipathies de classe à classe disparaîtront, « il faudra » que chaque individu aime passionnément tous les » autres » [35]. Saint-Simon nous avait déjà dit : « L'insurrection est d'abord le plus insuffisant de tous les moyens, et ensuite, ce moyen est absolument contraire aux intérêts de l'industrie; car, pour elle, tout emploi de la force est un mal, et c'est sur l'industrie que pèsent le plus les désordres populaires, parce que les propriétés industrielles sont, de toutes les propriétés, les plus faciles à détruire. » [36].

Dans le cours de ses écrits, il a souvent montré son mépris pour la révolution de 1789, qui n'avait su que

---

(35) *De Henri de Saint-Simon à Charles Fourier*, thèse Paris, 1913, par Henri Louvancour, p. 66.

(36) *Œuvres de Saint-Simon*, vol. 3, p. 159.

détruire sans rien changer au fond même de l'organisation sociale.

Dans *l'Organisation sociale*, après avoir exposé un plan de réorganisation, il ajoute : « Alors il n'y aura plus d'insurrection à craindre, et il n'y aura par conséquent plus besoin d'entretenir des armées permanentes nombreuses pour s'y opposer; alors il ne sera plus nécessaire de dépenser des sommes énormes pour le département de la police », et un peu plus loin il déclare : « Ceux qui ont déterminé la Révolution, ceux qui l'ont dirigée, et tous ceux qui, depuis 1789 jusqu'à ce jour, ont servi de guides à la nation, ont commis une faute politique énorme : ils ont tous cherché à perfectionner l'action gouvernementale, tandis qu'ils auraient dû la subalterniser et constituer comme action suprême, l'action administrative » ([37]). Saint-Simon nous dit aussi : « La révolution nous a mal servis, craignons qu'elle ne nous serve mal encore et qu'un mauvais succès ne devienne pour nous un motif de désespoir... Séparant dans nos esprits la liberté de la révolution, laissons à la révolution toutes ses folies, et rendons à la liberté son honneur, sa confiance et sa force, en lui rendant son principe » ([38]).

Saint-Simon enfin, par la puissante structure de ses théories, s'écarte des systèmes socialistes. Ces der-

---

([37]) *L'Organisation sociale* (1825). D'après Bouglé, *L'Œuvre d'Henri de Saint-Simon*, textes choisis, p. 196.

([38]) *Œuvres de Saint-Simon*, vol. 2, p. 212-213

niers, en effet, ont un fondement assez étroit; ils s'appuient presque exclusivement sur une critique de la propriété; c'est leur leitmotiv favori; à cette critique ils ajoutent assez souvent cette idée erronée que la valeur est déterminée par le travail. Saint-Simon lui, ne se trouve jamais acculé à une impasse, car il est, comme on l'a fait remarquer si justement, un physicien social, c'est-à-dire qu'il tient compte de toutes les réalités; il ne veut négliger aucun fait; il comprend la grande complexité des problèmes sociaux; il est sociologue, il sait combien de facteurs contribuent à un résultat social; il étudie les rapports d'interdépendance de ces facteurs entre eux, et c'est ce souci de ne négliger aucun fait qui lui a fait construire une nouvelle religion.

III. — Les Saint-Simoniens et le socialisme.

Ce que nous avons dit déjà des Saint-Simoniens appelle un rapprochement, une comparaison entre leur doctrine et le socialisme. Nous avons vu que leurs idées se différenciaient nettement de celles de Saint-Simon sur plusieurs sujets importants.

Ils désirent opérer la réforme du régime de la propriété; ils critiquent fort vivement cette institution qui « permet de lever une prime sur le travail d'autrui ».

Cette prime sur le travail d'autrui constitue une véritable exploitation.

L'exploitation! voilà un mot d'une importance capitale qui a joui d'une fortune singulière dans l'histoire du socialisme. Karl Marx, en particulier, a utilisé couramment cette expression; innombrables sont les autres socialistes qui s'en sont emparés.

Avant les Saint-Simoniens, Sismondi nous avait parlé, non pas d'exploitation, mais de « spoliation ». L'idée des disciples de Saint-Simon se trouvait déjà en germe dans ce vocable, malgré des différences importantes.

Sismondi ne critique point le régime de la propriété tel qu'il existait à son époque; il proteste simplement contre certains abus que commettent parfois les propriétaires, les capitalistes, dans leurs rapports avec les travailleurs. D'après lui, il y a spoliation du pauvre par le riche, lorsque ce dernier refuse d'accorder au travailleur la juste rémunération de ses services, lorsqu'il profite de l'avantage de sa situation pour imposer à l'ouvrier un salaire absolument insuffisant. Cette spoliation, d'une manière générale, se produit chaque fois qu'on abuse de circonstances spéciales pour vendre ou acheter trop cher ou trop bon marché.

La conception des Saint-Simoniens est bien différente. Pour eux, l'exploitation n'est point un cas accidentel; c'est, au contraire, la conséquence normale, continue, du régime de la propriété, et voilà pourquoi ils réclament avec tant d'insistance une réforme radicale de cette institution; elle autorise des abus permanents dont sont victimes, non seulement les travailleurs, mais encore tous ceux qui paient tribut au propriétaire sous quelque forme que ce soit.

Le palliatif qui aurait été suffisant, du point de vue de Sismondi, devient absolument inopérant avec cette nouvelle manière de voir; aux grands maux les grands remèdes.

« Si, comme nous le proclamons, l'humanité s'achemine vers un état où tous les individus seront classés en raison de leur capacité et rétribués suivant leurs œuvres, il est évident que la propriété telle qu'elle existe doit être abolie, puisqu'en donnant à une certaine classe d'hommes la faculté de vivre du travail des autres et dans une complète oisiveté, elle entretient l'exploitation d'une partie de la population, la plus utile, celle qui travaille et produit, au profit de celle qui ne sait que détruire. » [39].

On a vu que la solution que proposent les Saint-Simoniens, c'est de supprimer l'héritage et d'attribuer à l'Etat la possession de tous les instruments de travail.

Il semble donc difficile de ne pas considérer les disciples de Saint-Simon comme socialistes, surtout en nous reportant à la définition du socialisme qui nous a semblé le plus acceptable : Le socialisme tend à remplacer le droit de propriété individuelle par un mode d'appropriation plus ou moins collectif.

---

(39) Bouglé et Halévy, *Exposition de la doctrine*, 1re année, p. 255.

CONCLUSION

Le moment est venu de tirer des considérations qui
précèdent les conclusions qui s'imposent. Le titre de
cette thèse, *Saint-Simon et le socialisme*, nous oblige
à prendre nettement parti et à donner notre avis sur la
question de savoir si oui ou non l'auteur du *Catéchisme des Industriels* doit être regardé comme socialiste. Nous avons exposé dans ses détails la pensée de
Saint-Simon; nous avons suivi pas à pas ses idées sur
tous les points importants susceptibles de trahir le
plus clairement possible le fonds intime de ses aspirations, sa tournure d'esprit. Nous avons ensuite étudié l'autre question que nous avions parallèlement à
approfondir : le socialisme. Quelle conclusion se dé-
gage donc de l'étude des conceptions de Saint-Simon
suivie de l'examen de l'essence du socialisme ? Il en
résulte qu'à notre avis Saint-Simon ne doit pas être
considéré comme socialiste. Malgré les idées que lui
ont empruntées plusieurs socialistes, de très nombreuses considérations, nous l'avons vu, permettent de
contester que ces emprunts aient le caractère d'une

véritable filiation entre notre grand économiste et les socialistes. Ce n'est donc qu'avec les plus expresses réserves que l'on doit qualifier de socialiste la doctrine de Saint-Simon qui fut le théoricien d'une doctrine inégalitaire, aristocratique même, fondée sur la restauration de l'autorité sociale.

Nous n'aurons pas la même manière de voir au sujet des Saint-Simoniens qui furent franchement collectivistes avec leurs théories sur la propriété et l'héritage; on ne peut nier que dans les idées des disciples de Saint-Simon se trouvent contenues en germe toutes les attaques postérieures des socialistes contre le fondement même de l'ordre social : la propriété.

ERRATA

Page 4, note, *ajouter* le mot voir devant *Le Néo saint-simonisme.*

Page 5, 17ᵉ ligne, supprimer le guillemet après le mot notre.

Page 5, 25ᵉ ligne, fermer les guillemets après le mot aussi.

Page 10, 8ᵉ ligne, fermer les guillemets après le mot possible.

Page 17, 12ᵉ ligne, *lire* : désire, *au lieu de* : cherche.

Page 25, 24ᵉ ligne, *lire* : (24), *au lieu de* : (34).

Page 33, 19ᵉ ligne, *lire* : dérivent, *au lieu de* : découlent.

Page 69, note, *lire* : Bourgin, *au lieu de* : Bourguin, et p. 82, *au lieu de* : p. 8.

Page 96, 4ᵉ ligne, fermer les guillemets après le mot sentimentale.

Page 106, 11ᵉ ligne, *lire* : dérivent, *au lieu de* : découlent.

Dans le corps de l'ouvrage, *lire* : Proudhon, *au lieu de* : Proud'hon.

Page 70 16ᵉ ligne lire : débat au lieu de : état.

Page 75 30ᵉ ligne lire : subsister au lieu de : substituer

BIBLIOGRAPHIE

—

I. Œuvres de Saint-Simon et des Saints-Simoniens.

Œuvres de Saint-Simon et d'Enfantin. Paris, Dentu, éditeur, 1869.

Bouglé. — L'œuvre d'Henri de Saint-Simon. Textes choisis. Alcan, 1925.

Bouglé et Halévy. — Doctrine de Saint-Simon. Exposition, 1re année. Paris, Rivière, 1924.

II. Études critiques.

Aftalion. — Les fondements du socialisme. Paris, Rivière, 1923.

Bourbonnais (Marc). — Le Néo-Saint-Simonisme et la vie sociale d'aujourd'hui. Thèse Paris, 1923.

Bourgin. — Les systèmes socialistes. Paris, Doin, 1923.

Bourguin. — Les systèmes socialistes et l'évolution économique. Ouvrage couronné par l'Académie des sciences morales et politiques. Paris, Armand Colin, 1925.

Charléty. — Essai sur l'histoire du Saint-Simonisme. Thèse Paris, 1896.

Dumas. — Psychologie de deux messies positivistes : Saint-Simon et Auguste Comte. Paris, Alcan, 1925.

Gide et Rist. — Histoire des doctrines économiques. Ouvrage couronné par l'Académie des sciences morales et politiques, 4e édition. Librairie de la Société du Recueil Sirey, 1922.

Laskine. — Le socialisme suivant les peuples. Paris, Flammarion, 1920.

Le Producteur. — Revue de culture générale appliquée, 120, rue d'Assas.

Leroy. — Henri de Saint-Simon. Paris, Rivière, 1924.

Louvancour. — De Henri de Saint-Simon à Charles Fourier. Thèse Paris, 1913.

Revue d'histoire économique et sociale, numéro spécial consacré à Saint-Simon. Paris, Rivière, 1925.

Revue de Paris, 85 *bis,* faubourg Saint-Honoré, numéro de mars 1925.

Weill. — L'école saint-simonienne. Paris, Alcan, 1896.

TABLE DES MATIERES

13.515. — Bordeaux, Imprimerie Cadoret, 17, rue Poquelin-Molière.

www.ingramcontent.com/pod-product-compliance
Lightning Source LLC
LaVergne TN
LVHW021849170726
843503LV00003B/1131